협 상

상 위 1 % 만
알 아 왔 던
비 기

협상 상위 1%만 알아왔던 비기

1판 1쇄 인쇄 2012년 2월 20일 ｜ 1판 1쇄 발행 2012년 2월 27일 ｜ 1판 2쇄 발행 2012년 3월 13일 ｜ 1판 3쇄 발행 2012년 7월 5일
1판 4쇄 발행 2013년 3월 15일 ｜ 지은이 박형근 ｜ 펴낸이 임종관 ｜ 펴낸곳 미래북 ｜ 북디자인 디자인홍시 ｜ 제 302-2003-000326호
서울시 용산구 효창동 5-421호 ｜ 전화 02)738-1227(대). 031) 8076-1227 ｜ 팩스 02)738-1228 . 031) 811-3712
E-mail팅 ｜ miraebook@hotmail.com
마케팅 ｜ 경기도 고양시 덕양구 화정동 965 번지 한화오벨리스 1901호

ISBN 978-89-92289-42-9 03320

상위 1%만 알아왔던 비기

협상

지은이 박형근

MIRAE
BOOK

협상의 진정한 목표는 원원win-win이다

요즈음 언론매체를 통해서 빈번하게 듣는 말 중의 하나가 '협상'이라는 말이다.

최근 우리나라 정부가 미국과 FTA협상을 벌이고 있는데 이를 두고 야당은 물론 국민 일부에서는 실패한 협상이라며 재협상을 요구하고 있다. 특히 야당에서는 미국 정부에게 협상을 재고하라는 서한을 보내는 한편, 제19대 국회가 시작되면 지금 이루어지고 있는 협상을 폐기시키겠다는 극단적인 방침을 밝히면서 새삼 협상과 협상력의 중요성이 부각되고 있다.

실제로 우리의 사회생활을 들여다보면 모든 이해관계에서 충돌과 갈등이 필연적으로 발생한다. 그것이 정녕 피할 수 없는 길이라면 가지고 있는 모든 지혜를 동원하여 조정을 해야 하는데 그때 절대적으로 필요한 것이 협상이다. 기업의 운명을 짊어지고 가는 CEO라면 노사문제를 비롯한 하청업체와의 관계, 직원들의 인사 및 급료 문제, 판매처와의 이해 대립 등 신경을 써야 할 문제들이 한둘이 아닐 것이고, 생면부지의 고객을 상대로 제품을 팔아야 하는 세일즈맨이나 보험 가입을 유도해야 하는 보험설계사, 심지어 동네 개구쟁이들을 상대로 껌이나 과자를 파는 구멍가게 아저씨에 이르기까지 누구나 부딪치는 것이 바로 협상이다. 그러니까 협상은 이번 한미 FTA 협상과 같은 커다란 문제뿐만이 아니라 일반 서민들에 이르기까지 안전하고 평화롭게 살기 위해서는 반드시 거쳐야 하는 관문인 것이다. 한마디로 사람이 행하는 모든 행위는 협상의 일부라고 해도 틀린 말이 아니다.

그런데 이런 협상은 크든 작든 간에 모두 승리를 목표로 한다. 따라서 이 목표를 달성하기 위해서는 반드시 갖추어야 할 요건, 다시 말해서 협상력을 증진시키는 방법, 사전 준비물, 상대에 대한 정보 수집, 협상 전략, 설득력 등이 많은 것이 필요하다. 전쟁과 게임에서 준비된 자가 이기는 것과 마찬가지로 협상 역시 갖추어야 할 것들을 완비해야 만족할 만한 결과를 얻을 수 있는 것이다.

　필자는 협상의 궁극적이고 진정한 목표는 어느 한쪽의 일방적인 승리가 아니라 서로의 합의점을 찾아 그 이익을 균등하게 나누는 것이라고 생각한다. 따라서 상대를 무조건 꺾어야 하는 전투가 아니라 갈등과 충돌을 원만하게 조절하여 관계를 더욱 발전시키는 윈윈방식이어야 한다.

　협상 방법은 상대와 상황에 따라 여러 가지로 다를 수 있다. 따라서 상대가 외국인일 때와 우리 국민일 때의 협상 방법이 달라야 한다. 이런 때 필요한 것이 많은 경험과 그에서 얻어진 내공, 즉 테크닉이다. 이러한 것들은 일정한 훈련을 통해서 길러진다.

　본서는 국제 간의 협상은 물론 비즈니스에서 발생되는 협상과 일상생활에서 실제 사용할 수 있는 협상의 테크닉에 대해서 설명했다.

아울러 필자가 그동안 여러 가지 크고 작은 협상을 경험하고 중재하면서 터득한 노하우를 바탕으로 협상자가 반드시 갖추어야 할 기본 요건을 제시했다.

부디 독자 여러분들이 본서를 통해서 협상에 대한 올바른 이해와 새로운 방법을 얻어내시어 하시는 일에 도움이 되고, 풍요로운 삶을 살아가는 데에 일조하게 되기를 비리는 미음 간절하다.

2012년 새해에

저자

차례

Negotiation

협상은 왜 필요할까?

한마디로 갈등이나 문제를 해결하는 최선의 방법이기 때문이다.

협상은 저마다 원하는 것을 누군가 다른 사람이 가지고 있는 데서부터 시작된다.

그러나 그것을 무턱대고 달라고 할 수는 없고, 상대가 필요로 하는 것을 충족시켜주어야 성립된다.

따라서 협상이란 제안과 역제안 과정에서 합의하는 것이라고 할 수 있다.

1

Negotiation

문제를 해결하는 최선의 방법은
협상이다

⚖

흔히 협상이라고 하면 노사문제, 환경문제, 정부나 지방자치단체의 행정, 특허권 분쟁, 연봉 등의 공적 문제에만 필요한 것으로 생각한다. 그러나 사실은 크건 작건 인생사 모두가 협상으로 이루어진다.

아이들을 잠자리로 데려갈 때, 사랑하는 사람과의 관계를 조정할 때, 부동산을 사고팔 때, 직원을 고용하거나 해고할 때, 봉급의 조정 등 협상 상황은 한두 가지가 아니다. 따라서 인생사 모두가 협상을 통하여 이루어지는 것이라고 할 수 있다. 협상은 인생을 살아가는 데에 절대적으로 필요하다.

그러면 협상은 왜 필요할까? 한마디로 갈등이나 문제를 해결하는 최선의 방법이기 때문이다.

협상은 저마다 원하는 것을 누군가 다른 사람이 가지고 있는 데서부터 시작된다. 그러나 그것을 무턱대고 달라고 할 수는 없고, 상대가 필요로 하는 것을 충족시켜주어야 성립된다. 따라서 협상이란 제안과 역제안 과정에서 합의하는 것이라고 할 수 있다.

　이러한 과정은 때로는 쉽게 이루어지기도 하지만, 대부분은 지루하고 힘겨운 싸움을 벌여야 하고 또한 합의가 되었다고 하더라도 성공적인 결과를 얻었는지에 대해서 자신할 수가 없는 경우가 허다하다.

2

Negotiation

인생 자체가 협상이다

협상을 하는 이유는 아래의 두 가지 중 하나다.

첫째 | 혼자서 할 수 없는 새로운 것이 필요해질 때

둘째 | 당사자들 간에 분쟁이 발생할 때

누군가와 함께 일하기 위해서는 협상의 과정을 거쳐야 하는 것이 필수다. 그런데 많은 사람들이 여기에서 실패의 쓴 잔을 든다. 그 이유는 협상을 해야 할 때와 하지 말아야 할 때를 구분하지 못하기 때문이다. 즉 자신이 처한 상황을 제대로 파악하지 못하기 때문에 기회를 잃어버려서 바라는 목적을 이루지 못하게 되기 때문이다.

또 협상해야 할 때를 정확히 인지하고 협상에 나서더라도 효과적으로 협상을 하지 못해서 실패하는 경우도 많다. 이는 기술 부족에서 온 실패라고 할 수 있다. 결국 협상을 잘하기 위해서는 철저한 준비와 기술이 필요하다.

국가 간 평화협상이든 기업 간의 비즈니스협상이든 일상생활에서 부딪히는 사소한 협상이든 간에 협상은 근본적으로 아래와 같은 특징을 가지고 있다.

첫째 | 둘 이상의 당사자가 존재한다

협상은 둘 혹은 둘 이상의 개인. 단체, 기관 사이에서 이뤄진다. 물론 여가 시간에 공부를 할지, 테니스를 칠지, 축구경기를 보러 갈지를 놓고 자기 자신과 협상하는 일도 있다. 그러나 이 역시 내면의 나와 협상한다는 점에서 두 사람이 하는 것이다.

이 책에서는 자신과의 협상에 대해서는 논하지 않고 타인과의 협상, 혹은 집단 과의 협상에 대해서만 살펴볼 것이다.

인간사회에서는 두 사람 이상이 모이면 반드시 이해관계의 갈등이 존재하기 마련이다. 내가 원하는 것과 상대가 원하는 것이 같지 않기 때문이다. 그럴 경우 어떻게 해서든지 해결하는 방법을 찾아내야 한다.

둘째 | 더 좋은 결과를 기대한다

사람들은 어떤 형태로는 자신이 영향력을 행사하면 더 좋은 결과를 얻을 수 있다고 믿는다. 상대가 주는 것을 그대로 받는 것보다 협상을 통하여 더 좋고, 많은 것을 확보하려는 것이다. 당연한 말이겠지만 더 좋은 결과를 기대하지 않는다면 이느 누구외도 협상할 필요가 없다.

3
Negotiation

협상은 갈등을 해결하는
최고의 무기다

갈등은 실제적인 현상이라기보다는 당사자들의 마음속에 있는 욕구와 일치하지 않거나 오해가 생길 때, 혹은 보이지 않는 무형의 요소들 때문에 발생한다. 또 똑같은 목적이나 결과를 위해 함께 일할 때나 완전히 다른 해결책을 원할 때도 일어난다.

이럴 때 협상이 중요한 역할을 한다.

그럼 여기서 협상의 주요 원인이 되는 갈등에 대해서 알아보자.

갈등의 여러 모양

협상의 대상으로 우선 개인 간의 갈등을 들 수 있다.

상사와 부하 직원 간, 부부 간, 형제 간, 혹은 방을 함께 사용하는 룸메이트 사이에서 일어나는 갈등 등이 이에 해당된다.

다음으로는 집단 내부의 갈등이다. 가족, 학교, 친목회, 직장과 같은 집단에서 일어나는 갈등이 이에 속한다.

또 집단 간의 갈등이 있다.

노조와 경영자, 반목 중인 집단 간, 혹은 전쟁 중인 국가 간의 갈등을 말한다. 이 수준의 갈등은 이해하기가 매우 어렵다. 많은 사람들이 얽혀 있을 뿐만 아니라 서로 상호작용을 하기 때문이다.

갈등의 부정적인 측면

갈등이 좋지 못한 이유로는 다음 두 가지를 들 수 있다.

첫째 | 무엇인가 잘못되어 개선할 필요가 있다.
둘째 | 대규모의 파괴적인 결과를 초래할 수 있다.

갈등이 악화되면 협상자들은 자신의 입장만 더욱 견고히 하려고 한다. 다시 말해 상대의 의견을 수용하는 데에는 인색하면서 자기 주장만을 앞세우는 것이다. 이렇게 되면 의사소통의 길은 좁아지고 감정만 격분된 상황으로 치달아 수단과 방법을 가리지 않고 상대를 무찌르려고 한다.

그러나 이렇게 부정적인 측면만 있는 것이 아니라 생산적일 수도 있다. 세계적인 협상전문가인 티요스볼트는 갈등은 협력과 경쟁이 섞인 상태, 즉 파괴적이면서 생산적인 요소라고 분석하였다. 그렇다면 협상은 갈등의 파괴적인 측면을 통제하고 생산적인 측면을 강조함으로써 상호 융화되도록 관리하는 과정이라고 할 수 있다. 따라서 협상은 잘만 하면 갈등을 생산적으로 관리하는 전략이 된다.

4

Negotiation

협상으로 전쟁도 막았다

☖

지금으로부터 1천여 년 전 서기 993년, 고려 성종 때의 일이다.

만주 지방에서 세력을 키운 거란이 고려를 침입하였다. 고려의 조정은 벌집을 쑤셔 놓은 듯 발칵 뒤집혔다. 조정의 대신들은 강경파와 화친파로 갈라졌다. 주로 유교 집단이 주축이 된 화친파는 서경 (지금의 평양) 땅을 떼어주고 항복하자고 주장하였다. 반면에 강성파는 결사항전을 부르짖었는데, 실제 고려 상황으로서는 거란의 80만 대군을 당해낼 수 없었다.

대군을 이끌고 온 소손녕이 요구하였다.

"군왕이 직접 강변에 나와서 항복하시 않으면 나라 전체를 섬멸할 것이다!."

고려에서는 군대의 실력은 차지하고라도 우선 80만이라는 숫자가 매우 위압적이었다. 당시 국제정세는 거란이 송(宋)나라를 입도하고 있었다.

그때 장군 서희는 우선 거란이 왜 침입했는지 그 이유를 정확히 파악한 뒤 최선을 다하여 싸워본 후에 정세나 상황이 불리하면 그때 항복해도 늦지 않다고 역설하였다. 성종이 물었다.

"그럼 누가 거란의 진영으로 가서 담판을 짓겠는가?"

아무도 대답을 하지 않자 서희가 나섰다.

"부족하지만 제가 어명을 받들겠습니다."

그리하여 서희는 달랑 수행원 몇 명만을 데리고 소손녕을 만나기 위해 나섰다. 성종은 본인이 가겠다고 하니까 말리지는 않았지만 그다지 기대는 걸지 않았다. 다만 협상이라는 명분 아래 시간을 벌기 위한 수단 정도로 생각했다.

그런데 참으로 놀라운 일이 벌어졌다. 거란군이 자진해서 철수하고, 더욱이 고구려의 옛 땅이었던 압록강변의 6주를 되돌려주겠다고 한 것이다.

서희는 도대체 어떻게 협상을 벌였기에 그러한 결과를 이끌어낼 수 있었을까? 80만이란 대군을 이끌고 침략한 적을 돌려보낼 때는 그만한 대가를 지불해야 하는 것이 상식이 아니겠는가?

상대의 의중을 간파한 서희

이에 대한 대답은 간단하다. 소손녕과 협상 테이블에 마주 앉은 서희는 먼저 상대가 원하는 의중을 정확히 간파했다.

거란의 왕은 고려 침공의 명분으로 자신이 고구려의 후예이므로 고구려 옛땅인 고려를 지배하는 것이 당연하다고 주장하였지만 실제는 송나라의 광대한 대륙을 차지하는 것이 목적이었다. 하지만 섣불리 송나라를 침공했다가는 송나라와 화친을 맺고 있는 고려가 배후에서 기습을 하여 뒤통수를 맞을까 두려웠던 것이다. 그래서 송나라를 침공하기 앞서 후환을 없애기 위해 그들의 배후에 있는 고려를 먼저 침공했던 것이다. 즉 고려를 침공하는 것이 진정한 목적이 아니었던 것이다.

서희는 그들의 의중을 꿰뚫어보고는 '송나라와 단교하겠다.'는 카드를 내밀었던 것이다. 사실 거란은 송나라와 총력전을 대비하고 있는 마당에 굳이 고려와 전쟁을 벌여서 전력을 낭비하는 것이 좋을 리 없었다. 그래서 소손녕과 서희는 이른바 누이 좋고 매부 좋은 '원 윈 게임'을 성사시켰던 것이다.

소손녕이 협상을 마무리 짓고 말을 타고 말머리를 놀리려고 하는데 서희 장군이 소손녕의 말고삐를 잡았다.

"장군, 아직 협상이 끝난 것이 아닙니다. 장군은 이제 돌아가면 그만이지만 나는 이대로 개성에 들어가면 맞아죽을지도 모릅니다. 지금 우리 조정에는 친송파(親宋波)가 득세하고 있습니다. 그런데 장군에게 송나라와 동맹을 끊겠다고 했으니 그들을 설득하는 것이 문제입니다."

소손녕은 서희의 말을 듣고 일리가 있다고 생각했다.

"그럼, 내가 어떻게 해주면 좋겠소?"

"강동 6주를 주십시오. 옛 고구려 땅인 강동 6주를 돌려받는다면 어느 누구도 이번의 협상 결과에 대해서 왈가왈부하지 않을 것입니다."

사실 강동 6주는 명목은 거란의 땅이었지만 실제로는 여진족이 살고 있었다. 그러니 송 나라라는 거대한 영토를 목표로 하고 있는 거란으로서는 그까짓 6주쯤이야 별로였다. 그리하여 서희는 강동 6주를 돌려받는 플러스 알파의 효과를 보게 된 것이다.

우리가 서희의 협상을 통해서 알 수 있는 것은, 협상에서 이기기 위해서는 상황에 대한 정확한 판단과 상대에 대하여 철저하게 알아야 한다는 점이다.

또 한 가지는 상대에게 자신이 원하는 것을 요구하는 타이밍이 매우 중요하다는 점이다. 서희는 강동 6주를 요구할 때 협상 장소에서 말하지 않고 소손녕이 귀국하기 위해서 말을 타는 절호의 타이밍에 요구하여 성공을 거두었던 것이다.

5

Negotiation

유능한 협상가가 없어
치욕을 당하다

⚖

서희가 협상으로 전쟁을 막고 강동 6주를 돌려받은 후 600년이 지난 조선시대에 그와 비슷한 상황이 발생하였다. 후금의 태종은 만주 일대를 평정한 후 국호를 청나라로 개칭하고, 명나라를 정벌하고자 조선에 군량과 군사 등의 지원을 요청했다. 그때 이미 명나라와 형제지국의 국교를 맺고 있던 조선의 조정에서는 화친파와 척화파로 나뉘어 그 이행여부를 두고 격론을 벌였다. 그 결과 당시의 임금 인조의 지원을 받고 있던 척화파들이 우세하여 그들의 요청을 거절했다. 화가 난 청태종은 왕자와 척화파의 주동자들을 볼모로 보내라고 요구했다. 그러나 인조가 다시 묵살해버리자 1636년 병자년 12월에 직접 12만여 명의 군사를 이끌고 침공해오자 의주부윤 임경업이 맞서 싸웠으나 중과부적으로 패배했다. 그러자 인조는 부득이 남한산성으로 도망갔다가 결국 항복할 수밖에 없었고, 지금의 송파에서 청나라 태종 앞에 엎드려 수치스럽게 항복의 예를 치러야 했던 것이다. 형제국이 아닌 신하국으로, 한 나라의 임금이 이마를 맨땅에 세 번 찧는 치욕을 치렀던 것이다. 수많은 백성들이 만주족의 창칼에 살육을 당했음은 물론이다.

뛰어난 협상력으로 강동 6주를 되찾은 고려 시대의 서희 장군과 협상력의 부재로 전쟁의 화를 입은 조선시대의 병자호란의 교훈에서 보듯이 협상력이 있으면 나라의 전쟁까지도 막을 수 있는 것이다. 협상이 얼마나 중요한가를 역사적으로 증명한 예이다.

6

협상이 필요없는 경우

協

협상을 피해야 할 때도 있다. 그럴 때는 그저 발을 땅에 꽉 붙이고 현재의 위치를 굳건히 지키면서 나아갈 기회를 살피는 것이 좋다.

협상이 필요없는 경우는 다음과 같다.

● 거리에 나앉을 수도 있을 때

만일 협상을 하더라도 모든 것을 잃을 수도 있는 상황에 처했다면 협상보다는 다른 선택을 한다.

● 몸과 마음이 너무 지쳐 있을 때

현재 능력과 노력을 최대한으로 짜내고 있다면, 즉 쓰러지기 직전의 상태에서 허덕이고 있다면 거래를 하지 않는 것이 좋다. 대신 몸값을 높이는 데 치중한다.

● 상대의 요구가 윤리적이지 못할 때

협상 상대가 당신이 동의할 수 없는 불법적이며, 비윤리적이고, 도덕적으로 올바르지 않은 어떤 것을 요구할 수도 있다. 이런 경우라면 협상을 해서는 안된다. 당신의 평판에 먹칠을 한다면 장기적으로 더 많은 것을 잃게 되기 때문이다.

● 자신과 별 상관이 없을 때

협상의 결과에 별 관심이 없다면 협상을 시작도 할 필요가 없다. 잘못하다가는 많은 것을 잃게 되고, 잘 되어도 건질 것이 별로 없다.

● 시간에 쫓기고 있을 때

시간이 촉박한 상황에서 협상을 하는 것은 현명하지 못하다. 실수할 가능성이 크기 때문이다. 또한 자신이 가진 유리한 점들을 충분히 활용하지 못할 것이다. 협상테이블에서 누군가 총을 겨누고 있다면 나쁜 조건이라도 타협할 수밖에 없다. 시간도 마찬가지다.

● 상대가 나쁜 의도를 갖고 있을 때

상대가 나쁜 의도를 갖고 있다는 신호가 감지된다면 협상을 중단한다. 사람을 신뢰할 수 없다면 협상의 결과도 믿을 수 없는 것이다.

● 기다리면 상황이 나아질 수 있을 때

새로운 기술을 사용할 수 있게 되거나 자금 상황이 호전될 가능성이 크거나 다른 입찰자가 훨씬 좋은 가격을 제시할지도 모른다는 가능성이 있으면 기다린다.

● 아직 준비되지 않았을 때

충분한 사전 준비 없이 협상 테이블에 나가는 것은 위험천만하다. 그러므로 가능한 정보를 모두 모으고, 협상을 미리 연습한다. 질문과 예상되는 상대의 대응을 예상해보고, 양측이 가진 조건을 저울질해본다. 만일 아직 준비가 되지 않았다면 단지 '아니오'라고만 말한다.

Negotiation

Part 2
협상력이란 무엇인가?

협상력은 심리학적 요소와 매우
밀접한 관련을 가진다.
사람에 대한 생각과 인식을 바꾸는 것은
심리학적 요인과 많은 관련이 있기 때문이다.

1
Negotiation

협상의 7가지 특징

♎

협상에 대해서는 다양한 정의가 존재한다. 그러나 일반적으로는 '협상에 참여하는 당사자들이 서로의 기대를 일치시켜 가는 과정'으로 볼 수 있다.

협상의 특징은 다음과 같다.

첫째, 협상에는 상대가 있다.

협상은 혼자서 하는 것이 아니라 둘, 혹은 그 이상의 개인, 기업, 정부 사이에서 이루어진다. 때문에 상대적인 성격을 가진다.

둘째, 이해관계의 갈등이 존재한다.

내가 원하는 것과 상대가 원하는 것이 같지 않기 때문에 반드시 갈등을 해소하는 방법을 찾아내야 한다. 그 방법의 하나가 협상이다.

셋째, 기대가 중요한 역할을 한다.

어떤 형태로든 자신의 영향력을 행사해야 더 좋은 결과를 얻을 수 있다고 믿기 때문에 상대가 주는 것을 그냥 받기보다 협상을 선택하게 된다. 당연한 말이지만 더 좋은 결과를 기대하지 않으면 협상할 필요가 없는 것이다.

이처럼 기대가 협상에서 중요한 위치를 차지하기 때문에 그 기대를 변화시키는 전략이 매우 중요한 요소가 된다.

넷째, 자신만의 해결책을 기대한다.

기존의 시스템이 아닌 자신들만의 해결책을 찾으려고 한다.

예를 들어서 비디오가게에서 비디오를 빌린 다음 오랫동안 반납하지 않았다면 가게주인은 당연히 벌금을 물리려고 할 것이다. 그러나 정당한 사유를 설명할 수 있다면 벌금을 내지 않을 수도 있다.

다섯째, 주고받기를 기대한다.

협상 초기에 했던 말이나 요구사항을 상대가 다소 완화시켜 줄 것이라고 기대한다. 처음에는 양보를 강요하면서 자신이 원하는 것을 요구했더라도 상대의 입장을 고려해 자신의 입장을 수정하게 되는 것이다.

여섯째, 단번에 이루어지는 것이 아니라 여러 과정을 거쳐 이루어진다.

따라서 협상이 진행되는 각 과정을 세심히 살필 필요가 있다.

일곱째, 유형의 문제뿐만 아니라 무형의 문제도 협상한다.

성공적인 협상은 가격과 같은 눈에 보이는 유형의 문제만이 아니라 눈에 보이지 않는 무형의 문제도 관리하는 것을 의미한다.

무형의 요소란 협상이 진행되는 동안에 상대에게 직간접으로 영향을 줄 수 있는 잠재적인 동기를 말한다.

흥정과 협상은 근본적으로 다르다.

흥정은 어떤 목적을 위해 주고받는 것을 근본 속성으로 한다. 따라서 협상에는 흥정의 요소가 있을 수 있지만, 협상과 흥정을 같은 것으로 파악할 수는 없다. 흥정에는 거의가 금전과 관계가 있다. 그러나 협상은 금전과는 관계 없는 경우가 많다.

성공적인 협상을 위해 반드시 주고받을 필요는 없으며, 오히려 받지 않고 주지 않는 것이 성공적인 협상을 위해 필요할 수도 있다. 즉 원칙을 지키기 위해서는 오히려 주지 않는 것이 보다 유리한 결과를 기대할 수 있다는 것이다.

협상은 윈윈win-win게임이 될 수 없다는 생각은 옳지 않다. 협상에 참여한 한쪽 에만 유리한 결과가 나온다면 그 협상은 무엇인가 잘못된 것이다. 물론 자기에게 유리한 결과를 얻기 위해 다양한 전략과 전술을 다 구사하지만 상대방으로부터 얻을 수 있는 모든 것을 가져간다면 그 관계는 결코 오래 지속될 수 없다. 그렇게 형성된 관계는 일회적인 것에 그칠 뿐 장기적인 관계로 발전할 수 없다.

협상에 대해 올바르게 이해하면 인생의 80% 이상이 협상과 관련되어 있다는 것을 자연스럽게 알 수 있다. 그런 점에서 자기 자신과의 싸움도 일종의 협상이라 할 수 있다. 교육을 통해 능력을 키울 수 있기 때문에 협상을 잘하는 것은 타고나는 것이 아니라는 설명 또한 옳다고 할 수 있다.

협상은 정보전이다

⚖

미국 워싱턴 워터케이트호텔 204호실.

미국 상무부와 협상을 하루 앞두고 도착한 우리나라 무역대표부의 대표 K씨 일행에게 도널드 변호사가 무엇인가를 열심히 설명하고 있다. 이번 협상의 최대 현안인 자동차 수출에 대한 정보를 제공하고 있는 것이다.

"지난 주에 있었던 관계부처와 자동차 업계의 대표와의 회담에서 압력을 받은 상무부는 자동차 수입에 대해 강경입장으로 선회했습니다."

그는 그것뿐만 아니라 이번 회담에서 대표를 맡은 상무부의 모 차관보가 최근에 이혼을 했다는 사실과 그 차관보가 계속 연임할지 여부를 결정하는 평가가 다음 달에 있다는 것도 제공했다.

도널드 변호사는 한국 자동차 업계가 고용한 워싱턴법률사무소에 소속된 변호사였다. 그는 한국 통상대표에게 두 가지 유익한 정보를 제공했다.

첫째는 대표를 맡게 되는 차관보의 연임 여부가 다음 달에 결정되므로 시간에 쫓기고 있다는 점이다. 자신이 계속 그 자리에 유임되기 위해서는 무엇인가 성과를 내어야 하기 때문에 어느 정도는 양보를 해서라도 결과를 얻으려고 할 것이라는 판단을 우리 무역대표가 하게 한 것이다. 그러면 상대가 시간에 쫓기고 있으므로 한국 대표부는 어떤 전략을 세울 수 있을까? 당연히 지연전략이다. 이 전략에 말려들면 미국은 무엇인가를 양보할 것이다.

두번째는 차관보가 이혼했다는 사실이다. 그런데 부인과의 관계를 말하는 것은 어떤 의미일까? 즉 협상과 이혼과는 어떤 관계가 있을까? 이는 그가 정신적으로 편치 않은 상태에서 협상 테이블에 앉는다는 것을 암시한다. 이런 처지에서 협상을 하는 입장이니만큼 이를 이용한 다양한 전략을 사용할 수 있다. 이러한 정보를 잘 활용하면 보다 나은 성과를 얻을 수 있다.

협상은 정보 수집의 연속이라고도 할 수 있다. 상대방보다 많은 정보를 가지고 있어야 협상에서 유리한 고지를 점령할 수 있는 것이다.

일반적으로 협상에서 준비해야 할 상대방의 정보는 다음과 같다.

첫째, 협상 목적

둘째, 약점과 장점

셋째, 협상전략과 대안

넷째, 이해 관계자의 갈등

다섯째, 시간 제약

여섯째, 개인적 정보(사생활과 조직에서의 인사동향)

정보수집과 그 정보 활용을 위한
세 가지 원칙

또한 정보를 효과적으로 수집하고 활용하기 위해서는 다음 세 가지 원칙을 따라야 한다.

첫째, 가능한 많은 정보를 수집하라.

가능한 많은 정보를 수집하는 것이 필요하다. 과거의 유사한 협상 전례를 수집하는 것도 중요하다.

둘째, 신뢰할 만한 정보를 가려내라.

잘못되거나 정확하지 않은 정보는 오히려 협상에 방해가 될 수 있다. 따라서 신뢰할 만한 정보만을 활용해야 한다.

셋째, 정보는 속성상 양방향으로 흐른다.

우리나라 비즈니스맨들이 가장 범하기 쉬운 잘못은 자신은 상대로부터 정보를 수집하면서 자신의 정보는 주지 않으려고 하는 것이다. 그러나 자신의 정보를 어느 정도 주어야 상대방도 정보를 내놓는 속성을 인정해야 한다. 이같은 의미에서 정보 수집은 정보 교환이라고 말하는 것이 적합한지도 모른다.

3
Negotiation

협상력은 협상 담당자
개인의 능력이다

⚖

　협상의 본질은 협상에 참여한 당사자들이 이익을 나누는 과정으로 해석할 수 있다. 거기에서 얻어내는 몫을 결정하는 능력이 협상력, 혹은 교섭력이다.

　협상력의 유무는 상대방에 대한 '믿음'에 달려 있는데, 여기서 말한 '믿음'이란 서로 어떻게 행동할 것인가에 대한 믿음을 말한다. 협상에서 중요한 것은 상대방으로 하여금 자신에 대해서 믿음을 어떻게 변화시키느냐 하는 것이다. 다시 말해 어떤 전략을 통하여 자신에 대한 상대방의 믿음을 바꾸는 것이 중요하다.

　이런 특성을 가지기 때문에 협상력은 심리학적 요소와 매우 밀접한 관련을 가진다. 사람에 대한 생각과 인식을 바꾸는 것은 심리학적 요인과 많은 관련이 있기 때문이다. 바로 이런 점에서 대화의 중요성이 부각된다. 생각과 인식을 바꿀 수 있는 직접적인 매개체가 바로 대화이기 때문이다.

　결론적으로 협상력이란 상대방의 협상 타결에 대한 기대를 자신에게 유리한 방향으로 변경시킬 수 있는 능력을 의미한다.

4

Negotiation

협상력은 전투력이다

⚖

전쟁에서는 전투력이 강한 군대가 이긴다. 마찬가지로 협상에서도 협상력이 강한 사람이 좋은 결과를 얻을 수 있다.

협상력은 일반적으로 힘 또는 지렛대라고 할 수 있다. 좀더 쉽게 말하면 협상력이란 다음과 같은 여러 가지 수단을 의미한다.

첫째, 상대에게 압력을 가하거나 위협할 수 있는 힘

둘째, 협상 테이블에서 상대를 통제하는 힘

셋째, 상대의 마음을 바꾸도록 하는 힘

이런 협상력은 실제로 여러 가지 요인에 의해서 영향을 받는다. 여기서 협상에서 가장 큰 영향을 미치는 몇 가지 요인을 살펴보기로 하자.

협상력에 미치는
중요한 두 가지 요인

첫번째 요인은 시간 제약이다. 협상자가 시간 제약에 쫓길수록 협상력은 약해진다. 반대로 상대가 시간에 쫓기고 있다는 것을 알고 지연전술을 쓰면 자신의 협상력은 강화될 수 있다.

시간 제약과 상대의 양보 사이에 재미있는 관계를 보여주는 머피의 법칙이 있다. 즉 협상자는 시간의 경과에 따라 점진적으로 조금씩 양보해 나가게 된다. 협상 초기에는 전혀 양보 하려들지 않다가 마감 시간이 가까워지면 폭으로 양보하기 시작한다는 것이다.

두번째 요인은 상대의 지위, 즉 포지션 파워이다.

협상자가 자신의 조직에서 지위가 높을수록 협상 상대에 대해 강한 힘을 행사한다. 협상 테이블에서 당사자끼리 아무리 만족스러운 합의에 도달했을지라도 상대가 본사에 돌아가서 이를 관철시키지 못하면 아무 소용이 없다. 따라서 협상자는 협상 상내가 합의된 사항을 본국 정부나 본사로부터 무난하게 승인을 받아내기를 바란다. 그런데 이는 협상자의 지위가 높으면 높을수록 쉬워진다. 따라서 협상사의 지위가 높을수록 더 신뢰를 받게 된다. 때문에 해외에서 근무하는 주재원이나 외교관은 자신의 지위를 한두 난계 올려 명함을 만들기도 한다.

그럼 어떻게 하면 협상 테이블에서 누가 더 강한 협상력을 가졌느냐를 파악할 수 있을까? 이를 측정하는 기장 쉬운 방법은 협상이 이루어지지 않을 경우 누가 더 많은 손실을 입느냐를 분석하면 된다. 협상이 결렬될 경우 손실을 많이 입는 협상자가 협상력이 약하게 되고, 반대로 손실을 적게 입는 협상자가 협상력이 강하게 된다.

여기서 명심해야 할 것은 협상력은 불변이 아니고 계속 변한다는 사실이다. 협상력은 시간이 흐름에 따라서 수시로 변한다. 예를 들어서 백화점과 크리스마스트리 제조업자와의 협상에서 크리스마스에 임박한 12월 15일까지는 제조업자가 상당한 협상력을 가지고 있으나 크리스마스가 지나면서부터는 제조업자의 협상력은 제로에 가까워지는 것이다.

협상의 3단계

협상의 과정은 크게 3단계로 나눌 수 있는데, 사전협상 단계, 본협상 단계, 그리고 후속협상 단계로 나눌 수 있다. 물론 이러한 구분이 명확히 이루어지는 것은 아니지만 이렇게 단계별로 구분할 경우 준비를 보다 철저히 할 수 있고, 협상을 자기가 원하는 대로 이끌 수 있다.

사전협상 단계

사전협상 단계란 밀 그대로 본격적인 협상이 시작되기 전 예비적으로 이루어지는 과정을 말한다. 어디까지가 사전협상 단계이고, 어디까지가 본협상인지는 사실상 분명히 구분하기 어렵지만 문제를 해결하기 위해 공식적인 협상의 자리에 앉기 선의 모든 단계를 사전

협상 단계로 이해할 수 있다. 예비 협상도 이 범주에 넣을 수 있다. 서희가 거란과 협상할 때에도 먼저 청화사로 이봉전을 보냈다가 실패하자 다시 장영을 보냈다. 이런 협상과정도 사전 협상 단계로 분류된다.

사전협상 단계에서 가장 중요한 것은 '본협상이 있게 하는 것'이다. 사회적 갈등이나 개인 간의 문제, 혹은 집단이나 국가 간의 갈등이나 의견차이가 있을 경우 그것을 물리적인 힘이나 명령이 아닌 협상을 통해 풀어나가는 것은 매우 중요하다. 따라서 그러한 해결을 위해 협상이 있게 하는 것이 협상의 기초가 된다.

본협상 단계

본협상 단계에서는 활용할 수 있는 모든 전략과 방법을 사용하여 자기에게 유리한 방향으로 진행하는 것이 중요하다.

하지만 협상을 아무런 원칙이 없이 선택하는 것은 매우 위험하다. 예컨대 눈앞의 협상에서 만족할 만한 성과를 얻기 위하여 단기적인 이익을 극대화하는 전략을 채택할 경우, 그것은 장기적으로는 협상성과에 대해 큰 타격을 줄 수도 있다. 특별한 경우가 아니면 상대방의 감정을 건드리거나 자존심을 상하게 하는 협상 전략은 자제되어야 한다. 따라서 본협상에서는 모든 전략을 다 사용할 수 있으나 진행되는 협상 안건의 성격에 따라 사용해야 할 전략이 있고 사용하지 말아야 할 전략이 있다.

후속협상 단계

후속협상 단계란 본협상에서 도출되거나 합의된 결론들을 마무리하는 단계를 의미한다. 어떤 의미에서 후속협상 단계가 제대로 마무리 되지 않으면 협상 전체가 제대로 진행되었다고 평가하기 어렵다.

후속협상 단계의 중요성을 가장 잘 나타내는 말은 '최종 협정문에 사인하기 전까지는 협상이 끝났다고 생각해서는 안 된다.'는 것이다. 당연한 이야기지만 협상을 진행되는 자리에서는 상대방과 구두로 의견 일치가 이루어졌다고 해서 협상이 끝난 것으로 생각해서는 안 된다. 특히 국가 간의 협상일 경우 협정문에 서명하기 전까지는 결코 협상이 끝난 것이 아니다. 협정문 조항 하나를 둘러싸고 의견을 달리하거나 재협상을 해야 할 경우가 발생히기 때문이다. 따라서 후속협상 단계에서는 본협상이 성공적으로 끝났다고 하더라도 재협상을 할 가능성이 있다는 사실을 염두에 두어야 한다.

재협상을 할 경우에는 상대방과 어떠한 신뢰 관계를 형성하고 있느냐 하는 것이 중요하다. 바람직한 신뢰관계가 형성되어 있을 경우 사소한 문제는 번거로운 절차를 거치지 않고 해결될 수 있으나, 그렇지 않을 경우 협상 전체를 다시 해야 할 경우가 발생할 수두 있다.

Negotiation

Part 3
협상의
요소

협상을 하기 위해서는 준비가 필요하고,
본협상을 할 때는 양 당사자가 서로 접촉해야 하며,
협상 후에는 결과를 처리하기 위한
후속 작업이 필요하다.

1

Negotiation

원칙

⚖

원칙에 충실하면
오래 간다

원칙에 기반을 둔 협상이란 상황의 변화에 크게 영향을 받지 않고 일정한 원칙을 지키는 협상을 말한다. 원칙에 기반을 두면 협상 결과를 예측할 수 있고, 조직 내부로부터 동의를 얻는 것도 쉽다. 또 비록 상황에 따라가지 못하여 단기적으로는 손실을 볼 수 있으나 상대방의 신뢰를 얻기 때문에 장기적으로는 서로에게 이익이 되는 결과를 가져올 수 있다.

반면에 원칙에 의존하지 않고 상황에 기반을 둔 협상은 그때그때 협상의 목표와 원칙이 바뀐다. 이런 협상방법에는 협상전략이 탄력적이라는 장점이 있는 반면에 앞날의 입장을 예측하기 어렵고, 따라

협 상
상위 1%만
알아왔던 비기

서 새로운 입장에 대한 구성원들의 동의를 얻기가 쉽지 않다는 단점도 있다.

제2차세계대전 말기에 미국과 영국은 원칙에 충실하기 위해 독일의 휴전 제안을 거부했다. 이는 윤리나 원칙에 신경을 쓰지 않고 오직 협상 전술에만 치중했던 나치로서는 이해하기 어려운 일이었다.

또 미국은 베를린 함락 문제를 두고 소련에게 양보해 약속을 지켰다. 스탈린도 전쟁이 끝난 후 동유럽과 중부 유럽에 대한 분할문제에 대해서 미국과 영국에 대결하지 않고 약속을 이행했다. 이로써 세세는 처음으로 50년 동안 대규모 전쟁이 없는 안정된 평화시대를 누리게 된 것이다.

원칙에 충실한
미국과 영국

1945년이 되자 독일은 서쪽에서는 미국과 영국이 밀려오고, 동쪽에서는 소련이 밀려와서 더 이상 버틸 수가 없게 되자 미국과 영국에게만 항복하고 소련에게는 항복을 하지 않겠다고 하면서 미국과 영국에게 협상을 요청했다. 그러나 미국과 영국은 이를 거절했다. 당시 사령관이었던 미국의 아이젠하워 장군은 "소련을 뺀 독일과의 협상은 절대로 받아들일 수 없다."고 하면서 몇 번이나 요청을 하는 독일의 협상 요구를 거설하였다.

이렇게 서로의 약속과 원칙에 입각한 경우에는 이득을 보지만, 아무런 원칙이 없이 그때그때 상황에 따라 입장을 자꾸 바꾸면 손해를 보게 된다. 그 좋은 예가 루마니아다.

중립국이던 루마니아는 독일과 연맹을 맺어 소련을 침공하더니, 전쟁 말기에는 연합국으로 입장을 바꿔 독일과 싸우기도 했다. 이렇게 잦은 입장 변화로 인해 루마니아는 결국 국제사회에서 인정을 받지 못하게 되어 전쟁이 끝난 후 소련의 통치를 받기도 했다.

협 상
상위 1%만
알아왔던 비기

2

Negotiation

협상 비용

♎

협상할 만한
가치가 있는가?

협상에는 반드시 희생과 대가가 따른다. 그러므로 협상을 하기 전에 그로 인해 발생하는 이익과 비용을 면밀히 고려해야 한다.

협상 비용이란 협상을 함으로써 입는 모든 희생, 대가, 손해나 지출을 말하는 것으로, 직접 비용과 간접비용으로 나뉜다.

협상을 하기 위해서는 준비가 필요하고, 본협상을 할 때는 양 당사자가 서로 접촉해야 하며, 협상 후에는 결과를 처리하기 위한 후속 작업이 필요하다. 이 과정에 드는 비용, 즉 사전 준비, 협상, 그리고 마무리 과정에 소요되는 비용을 직접 비용이라고 하는데, 통신비, 협상 장소로의 이동에 드는 여비, 숙박비, 협상 참가자의 인건비

등이 여기에 포함된다. 협상 참가자들이 협상을 하지 않고 다른 업무에 전념했다면 거기에서 발생할 이익도 직접 비용이 된다.

협상의 직접 비용은 금액으로 나타낼 수 있는 반면 간접비용은 금액으로 표시하기가 쉽지 않다.

무형의 간접비용

간접비용이란 협상 과정에서 발생하는 감정적 또는 심리적 스트레스, 적대감, 평판의 악화, 사기 저하, 적절한 기회의 상실, 미래의 위험과 같이 협상 결과에 따라 잠재적으로 드는 보이지 않는 비용을 말한다.

인질범과의 교섭처럼 협상 참여자의 스트레스가 지극히 큰 경우, 성공적인 협상이었다고 하더라도 참여자는 상당 기간 후유증을 겪게 된다. 또는 프로선수들의 연봉 협상의 경우 선수와 구단이 지나치게 신경전을 벌이면 계약이 성립된 후에도 불신과 적대감이 남을 수 있다.

간접비용의 또 다른 예로 사기 저하를 들 수 있다. 결사항전을 외치며 대항해왔던 상대와 휴전협상을 진행할 경우, 그 소식이 내부에 알려지면 자칫 사기가 저하될 수 있다. 최후의 승리를 외친 정부가 다른 한편으로는 협상을 하고 있다면 국민들은 그만큼 상황이 좋지 않다고 생각할 수도 있다. 전쟁에서라면 병사들이 다가올 휴전을 생각해서 결사적으로 싸우지 않을 수도 있다.

또 시기의 문제도 있다. 상대와의 협상이 결렬된 이후에 다시 결사항전을 외쳐도 이미 협상 책임자에 대한 신뢰감을 잃은 조직 내부의 동요는 막기 어렵다. 따라서 협상을 시작하기 전에는 반드시 이와 같은 여러 유형의 간접비용을 고려해야 한다.

3

Negotiation

목표

♎

목표는
협상전략을 좌우한다

협상자는 자신이 협상에서 얻고자 하는 목표를 설정해두고 여러 가지 경우를 미리 준비하고 있어야 한다. 이때는 목표, 우선순위, 그리고 다목적 패키지와 같은 실질적인 사항에 주목해야 한다. 또 의제나 과거에 이뤄진 협상 이력 등을 다루는 절차에 대하여 주의를 기울여야 한다.

협상자는 자신의 목표를 명확하게 설정할 필요가 있다. 자신이 이루고자 하는 모두를 생각해 보고, 그 우선순위를 정해야 하며, 어떻게 하면 여러가지 목표를 동시에 이룰 수 있을지 가늠하는 것과 동시에 또다른 가능성의 장단점을 비교해봐야 한다.

유형의 목표와
무형의 목표

협상의 목표에는 눈에 보이는 유형의 목표와 보이지 않는 무형의 목표가 있는데, 유형의 목표로서 임금이나 가격, 조건, 계약서에 사용할 언어, 일괄타결 여부 등을 들 수가 있다. 무형의 목표로는 특정한 선례를 따르는 것, 원칙을 고수하는 것, 무조건 계약을 성사시키는 것과 같은 목표가 있다.

무형의 목표로는 다음의 것들이 포함되기도 한다. 즉 투쟁적이면서도 원칙을 지키는 협상자로서의 면모를 지키는 것, 향후 협상을 위해서 좋은 전례를 남기는 것, 협상자 모두에게 공정하도록 협상을 진행하는 것 등이 이에 속한다.

그러면 이와 같은 많은 기준들 중 어떤 것을 목표로 삼아야 할까? 여러가지 이유에서 이 모든 것이 다 중요하다는 것이 정답일 것이다. 또한 이를 규정하는 것이 전략이나 계획을 수립하는 데 필수가 된다.

4

Negotiation

준비

♃

준비하지 않는 자에게
내일은 없다

  중요한 협상일수록 철저히 준비하지 않으면 안 된다. 그래서 우리
편이 최고로 좋은 위치에 있도록 해야 한다.

  협상을 잘하지 못하는 사람들은 거의가 제대로 준비를 하지 않은
채 시간을 허비하다가 막상 시간이 임박하면 터무니없는 양보를 하
거나 이외의 실수를 한다. 성공이 가장 절실하게 필요할 때일수록
모든 조건이 무르익기를 참고 기다려야 한다.

  북미 대륙의 이로쿼이 인디언들은 전쟁에 나가기 전에 무기를 가
지고 충분히 훈련을 하고, 또 적절히 단식을 하여 신체적으로 건강
한 상태를 만든다. 전쟁에서 굶주린 맹수처럼 싸울 수 있는 몸과 마

음을 갖추는 것이다. 이처럼 성공적인 협상을 위해서는 섬세하고 철저한 사전 준비가 필요하다.

협상은 상대를 만나기 전 이미 성공 여부가 결정된다고 해도 과언이 아니다. 눈앞에 상대방이 등장해서야 협상을 시작하면 이미 늦다. 협상할 사람에 대하여 사전에 많은 정보를 입수할수록 실수를 줄일 수 있다.

철저한 준비와 함께
때를 기다린다

전쟁 이야기가 나왔으니 한 가지 예를 들어보자.

1940년 제2차세계대전이 시작된 이후 계속해서 패전하던 영국군은 엘 알라메인 전투에 많은 기대를 걸었다. 땅에 떨어진 병사들의 사기를 위해서 북아프리카 전투에서 승전 소식이 오기를 기다리던 처칠은 사령관을 몽고메리로 교체하고, 그에게 빨리 독일군과 싸울 것을 독려했다. 그러나 몽고메리는 철저한 준비 없이 독일군과 맞서면 패할 수밖에 없나는 것을 잘 알고 있었다. 그래서 엘 알라메인 전투의 시기와 장소를 적군이 선택하게 하는 대신 두 가지 조건이 충족될 때까지 참을성 있게 기다렸다. 그 결과 몽고메리는 연합군에게 최초의 승리를 안겨 처칠 내각을 살렸다.

협상도 이와 같이 철저한 준비를 한 다음에 협상 테이블에 앉아야 상대를 제압할 수 있다.

5

문화

문화를 이해하지 못하면
백전백패한다

협상을 할 때 그에 대한 준비만큼 중요한 것이 외적 요소다.

인도에서는 왼손으로 사람을 가리키면 큰 실례가 된다. 우리나라에서는 어린 아이의 머리를 쓰다듬는 것이 귀엽다는 표현이지만, 미국에서는 무례한 행동이 된다. 이러한 문화적 차이를 모르고 상대에게 접근할 경우 큰 오해가 생길 수 있다. 비즈니스 상담에서도 마찬가지다.

상대의 문화를 모르고 접근할 경우 큰 낭패를 보지만 반대로 잘 알고 다가서면 서로에 대한 신뢰가 쌓이고, 성공적인 결과를 만들어낼 수 있다. 그만큼 문화는 중요한 것이다.

자유분방한 CEO의 분위기에 따라 격식을 차리지 않는 가구회사와 한 치의 오차도 허용하지 않는 은행이 지분문제로 협상을 하게 되었다. 스타일이 너무 다른 두 회사의 협상에 많은 사람들은 그 결과를 부정적으로 보았다. 하지만 두 회사는 아주 만족스러운 결과를 맺었다.

　가구회사의 사장은 어색한 정장과 넥타이를, 은행의 협상단은 헐렁한 티셔츠와 찢어진 청바지를 입고 협상장에 나왔다. 그렇게 만난 그들은 서로 상대방을 보고 박장대소하였다. 그리고 협상은 일사천리로 유쾌하게 잘 이루어졌다.

　이 이야기는 가구업체 IKEA와 독일의 드레너은행 간에 실제로 있었던 일이다. 이처럼 서로의 문화를 이해하면 협상이 의외로 쉽게 성공할 수 있다.

Negotiation

Part 4
뛰어난
협상가의 조건

정직한 협상가는 속이고, 거짓말하고,
훔치는 것이 나쁘다는 것을 안다.
실제 비윤리적인 방법으로 얻은 단기적인 성공은
장기적으로는 너무 큰 대가를 지불하게 된다

1

Negotiation

협상에 필요한
세 가지 능력

♠

앞에서 언급했지만 우리나라 역사상 최고의 협상가로 인정받는 서희 장군의 협상력에는 어떤 요인들이 포함되어 있는지 알아보자.

뛰어난 커뮤니케이션 능력

서희 장군은 무엇보다도 커뮤니케이션의 능력이 뛰어났다. 전승(傳承)하는 여러 자료들을 통해서 볼 때 그는 매우 조리 있게 말을 잘하는 사람으로 판단된다.

앞서 협상의 정의를 내리며 말한 것과 같이 협상에는 많은 심리적 요소들이 작용한다. 협상이란 참여하는 양 당사자가 서로의 기대를 일치시켜 가는 과정으로 정의 되고, 협상력 또한 상대방에 대한 기

협 상
상위 1%만
알아왔던 비기

대를 자신에게 유리한 방향으로 변경시킬 수 있는 능력이다. 따라서 협상에서 자신의 의견을 조리 있고, 상대방의 자존심을 상하지 않게 하면서 자신의 견해를 납득시키는 능력은 협상의 현장에서 커다란 힘이 된다. 이런 점에서 서희 장군은 일차적으로 말을 잘하는 사람, 현대적으로 말하면 커뮤니케이션 능력이 뛰어난 사람이었다고 할 수 있다.

또, 서희는 명분을 주장해야 할 때와 실리를 챙겨야 할 때를 분명히 알았으며, 상대방 논리의 허점을 어떻게 공략해야 하는지도 분명히 알고 있었다.

명분을 주장한 대표적인 경우는 예비협상에서 소손녕과 동등한 위치에서 인사를 나누어야 한다고 주장한 것이고, 실리를 챙긴 대표적인 경우는 후속 협상의 과정에서 못 이기는 체하며 소손녕의 연회에 참석한 것이다.

상대방 논리의 허점을 공략한 것은 고구려의 후손은 거란이 아니라 고려라는 것, 고려가 거란과 왕래하지 못하는 것은 두 나라 사이를 가로막고 있는 여진 때문이라는 것 등을 주장할 때에 분명히 활용했던 것이다.

경청의 능력

서희 장군은 말을 하는 것뿐만 아니라 상대방의 말을 듣는 것 또한 뛰어난 사람이었다. 그가 소손녕의 이면에 있는 진실을 파악할 수 있었던 것은 그의 말을 잘 들었기 때문에 가능했다. 만약 상대의 말을 듣지 않고 자신의 생각에만 사로잡혔더라면 거란이 고려와 전쟁을 벌이려는 것이 아니라 고려가 송나라와 단교하고 거란과 교류하기를 원하는 속뜻을 파악하지 못했을 것이다.

하지만 이런 능력은 하루 이틀에 길러지는 것이 아니며, 모든 사람이 기를 수 있는 것도 아니다. 대화하는 그 자체에 피곤을 느끼는 사람이 있는가 하면 대화 그 자체를 즐기는 사람이 있기도 하다.

후자에 속하는 대표적인 사람으로 중국의 주은래를 들 수 있다. 그는 연이은 일에 지쳐 휴식이 필요할 경우 주위 사람들과 대화를 함으로써 풀었고, 의무적으로 참석하는 각종 연회나 모임이 스트레스를 푸는 자리로 삼았다고 한다.

우리가 여기서 기억해야 할 점은, 대화의 능력은 교육과 훈련을 통하여 어느 정도의 수준까지는 올라설 수 있게 되므로 꾸준히 연습하는 것이 필요하다.

탁월한 국제 감각

나라와 나라 간의 협상에서는 무엇보다 국제 감각이 중요하다.

서희 장군의 뛰어난 점은 국제 정세에 탁월한 감각을 가지고 있었다는 것이다. 당시 거란과 송나라가 대치하는 상태에서 고려는 양

국가의 균형을 유지하는 역할을 하고 있었다. 그래서 서로 고려를 자기편으로 끌어들여 자기에게 유리한 방향으로 이끌려고 했다. 서희 장군은 이러한 상황을 충분히 파악하고 있었기에 협상에서 성공할 수 있었던 것이다.

앞에서 살펴본 세 가지 능력은 외교문제를 해결하는 협상가에게 필요한 능력이라고 할 수 있다.

2

협상가가
가져야 할 덕목

협상가가 가져야 할 덕목으로는 다음의 몇 가지를 들 수 있다.

신뢰성

협상에서는 상대에게 더 많은 신뢰를 줄수록 더욱 더 설득력을 갖게 된다.

집을 산다고 가정해보자. 집주인은 그 날 오후에 다른 세 사람이 집을 보러 올 것이며, 그 중 두 사람은 이 지역으로 전근을 오는 사람들로 집을 급히 구해야 한다고 말한다. 만일 이 말이 사실이고, 당신이 그 집이 마음에 든다면 당장 결정해야 한다. 그러나 그 말이 사실일까 하는 신뢰의 문제가 생긴다.

정보 전달자의 신뢰는 자질, 상대가 인지하는 신뢰도, 스스로를 나타내는 방법 등 세 가지에 달려 있다.

첫째, 정보 전달자의 자질이 문제다.

흔히 다른 사람의 신뢰도를 평가할 때 제일 먼저 이렇게 묻는다.

"그 사람이 그런 정보를 가질 만한 위치에 있는가?"

즉 능력과 자질을 갖추고 있는지를 확인하는 것이다. 그 결과에 따라 신뢰도가 정해진다.

서희 장군은 송나라에 사신으로 다녀온 경험을 바탕으로 쌓은 국제 감각이 있었기에 성종과 대신들이 그의 말을 믿었던 것이다.

둘째, 상대가 믿을 만한가이다.

즉 그 사람의 신뢰성을 확인하는 것이다.

셋째, 스스로를 표현하는 방식이다.

자신을 남에게 어떻게 표현하는가에 따라 신뢰감을 줄 수도 있고, 주지 못할 수도 있다.

매 력

협상가의 덕목으로 두번째는 인간적인 매력이다. 왜 매력적인 시람이 설득력을 증가시키는지 그 이유는 명확하지 않다. 그러나 대부분의 사람들은 매력적인 사람을 만났을 때 자신에 대한 방어를 풀고 더욱 신뢰하는 경향을 보인다.

매력적인 사람은 매력적이라는 그 자체만으로도 더 많은 관심을 받으며, 다른 사람들은 그처럼 되고 싶어 모방하게 만들기도 한다. 따라서 협상에서 상대를 설득시키는 데 한 단계 유리한 프리미엄을 받는다.

개인적인 매력을 높이는 방법 5가지

첫째, 칭찬이다.

상대를 칭찬하면 자신에 대한 호감도도 그만큼 정비례하여 높아진다. 이를 잘 아는 협상가는 상대의 훌륭하고 철저한 준비나 사려 깊은 제안이나 길고 복잡한 발표를 기꺼이 경청해준 데 대하여 칭찬으로 답례한다.

둘째, 호감이다.

상대가 좋아할 만한 사람들로 협상팀을 구성하는 방법도 영향을 줄 수 있다.

셋째, 상대에 대한 배려다.

상대에 대한 배려로 호의를 베풀거나, 추가 시간을 할애하거나, 기밀 정보를 제공하기도 하고, 상대의 요청을 받아들이고, 이해 관계자들을 도와주는 등 여러가지가 있을 수 있다.

넷째, 인지 가능한 공통점이다.

사람들은 처음 만나면 서로 어떠한 공통점이 있는지를 찾으려 한다. 같은 학교를 나왔거나 같은 고향이거나 더 많은 공통점이 있을 때 유대감도 깊어지고 서로에 대해 더 좋은 느낌을 가지게 되며, 상대의 의견을 수용하려고 든다.

다섯째, 감정이다.

감정도 전달자의 요소가 된다. 끈기가 있는 감정은 결단력과 확고함을 가져다준다. 또 두려움과 분노, 열정의 표현도 협상의 중대한 일부분이 될 수 있다. 스스로 강한 애착을 갖고 있는 주제에 대해서는 더욱 그렇다.

친절함과 활달함

협상가가 가져야 할 중요한 자질 가운데 하나는 친절함과 활달함이나. 이것은 협상의 상대와 개인적인 친분을 쌓을 수 있는 능력을 말한다. 타인에게 주는 따스함, 공감, 개인적 관심은 힘의 근원이 되는 예리한 모서리를 부드럽게 하는 역할을 한다. 또한 친절함은 강력한 감정의 요소이기 때문에 상대의 지성뿐만 아니라 기분과 느낌에도 영향을 준다.

성공적인 협상가는 곧바로 협상에 들어가지 않는다. 먼저 친절을 베풀어 상대가 편안하게 느끼도록 배려한다.

3

Negotiation

글로벌 시대에 CEO가 갖추어야 할
네 가지 자질

米

미국의 한 연구기관에서 대형 은행에서 대출을 담당하고 있는 간부를 대상으로 유능한 협상가가 되기 위한 34개의 자질을 제시하고, 이에 대한 응답을 분석한 결과 가음의 네 가지가 중요한 자질로 꼽혔다.

첫째는 학습기술이고,

둘째는 글로벌 리더십이고,

셋째는 듣는 기술이며,

바시막으로 감정 통제의 기술이다.

학습 기술

학습기술이란 경험으로부터 배우고, 깨닫고, 얻은 것을 전문지식으로 바꾸는 기술을 말한다. 학습을 통해 얻은 것을 자신의 전문지식으로 바꾸기 위해서는 다음과 같은 세 가지 절차가 필요하다.

첫째, 자신이 무엇을 경험했는지 분명하게 알아야 한다.
  과거 협상 과정에서 소중한 경험을 했음에도 불구하고 이를 깨닫지 못하는 CEO가 많다.

둘째, CEO는 실패와 성공의 경험을 구분할 줄 알아야 한다.
  많은 CEO는 실패한 협상을 인정하지 않고 성공한 협상이라고 말한다.

셋째, 앞에서 말한 두 과정을 개념화할 수 있어야 한다.
  즉 경험을 통해서 얻은 지식을 분석하는 능력이 있어야 하는 것이다.

글로벌 리더십

  글로벌 시대에 협상에서 성공하려면 글로벌 리더십을 갖추어야 한다. 즉 문화적 이해와 의사소통 능력, 글로벌 비전, 그리고 글로벌 에티켓 등 3대 요건을 갖추어야 한다.

  IBM에 근무하는 미국의 한 청년이 컴퓨터 시스템을 수출하기 위해 예멘의 상무국장을 방문했다. 그러자 상무국장은 예멘 산 커피를 손수 컵에 따라 권하였다. 그런데 청년은 평소 커피를 전혀 마시지 않았었다. 청년은 어떻게 하는 것이 올바른 태도일까? 먼저 앞에서 제시한 3대 요건 중 문화적 이해가 필요하다.

즉, 이런 상황이 미국에서 일어났다면 "나는 커피를 마시지 않는다."고 말하면 된다. 미국 사람들은 커피를 마시지 않거나 지금 커피를 마시고 싶지 않아 거절해도 아무런 반응을 나타내지 않는다. 그러나 다른 나라에서라면 반드시 상대방 나라의 문화를 이해하고 적절히 대응할 줄 알아야 한다.

예멘의 상무국장은 커피를 마시는 것부터 협상의 사전단계인 인간관계 형성의 과정으로 생각했다. 그래서 커피를 마시지 않겠다고 거부하는 것은 인간관계를 거부하는 신호로 받아들일 위험성이 있다고 판단한 것이다. 따라서 커피를 마시는 척하고 커피 잔을 입에 댔다가 내려놓았다.

듣는 기술

CEO가 아무리 유능한 협상가라 해도 가장 많이 실수하는 것은 협상 중 자신의 지식과 경험을 자랑하는 것이다. 이때 진정으로 유능한 협상가는 상대의 말을 진지하게 들어준다.

이러한 듣는 기술은 협상지의 성격과 밀접한 관계가 있다. 활달한 성격일수록 말하기를 좋아하는데, 협상과정에서 말을 많이 하다보면 모르는 중에 자신의 정보를 상대에게 노출시키는 실수를 범하게 된다. 따라서 상대방이 말을 많이 하도록 유도하여 정보를 수집하는, 듣는 기술을 가진 사람이 유능한 협상가이다.

감정 통제기술

중국 사람들은 협상을 할 때 자신의 감정을 숨겨서 무슨 생각을 하고 있는지 도저히 읽을 수가 없다. 반면에 러시아 사람들은 자신의 감정을 그대로 드러낸다. 심한 경우 고함을 지르거나 책상을 치는 경우도 있다.

그러면 중국인들처럼 감정을 숨기는 것이 좋을까, 아니면 러시아 사람들처럼 그대로 표현하는 것이 좋을까?

미국의 유명한 협상가인 피셔 교수는 감정 통제의 기술로 다음과 같은 여섯 가지방법을 제시한다.

첫째, 협상 중 감정이 생기는 것을 무시하지 말라. 협상자도 인간인 이상 감정이 생기는 것은 당연하다.

둘째, 자신의 감정뿐만 아니라 상대의 감정도 살펴보라. 협상이 잘 풀리지 않으면 상대방도 마음이 불편할 것이다.

셋째, 적절한 범위 내에서 감정을 표현하라. '솔직히 실망스럽다.'

든가 '답답하다.'는 정도의 표현은 상관없다.

　넷째, 상대방이 감정을 격하게 표현하면 계속 표현하도록 내버려 두라. 상대가 얼굴을 붉히거나 삿대질을 하면 구태여 이를 제지하거나 맞받아 응수할 필요는 없다.

　다섯째, 양쪽 모두 감정이 격해질 때에는 계속 협상을 해서는 안 된다. 커피 타임을 갖거나 다음 날로 미루는 것이 좋다.

　여섯째, 협상 중 아무리 감정이 격해져도 상대방을 부드럽게 대하라.

　상대방은 자기 회사나 정부의 이익을 하나라도 더 챙기기 위해서 악착스럽게 나오는 것이므로 사람 자체를 미워할 필요는 없는 것이다.

4

Negotiation

협상가로 적합한 성격

♆

뛰어난 협상가는 위협하거나, 큰소리치거나, 짜증을 내지 않는다. 그들은 자신의 '힘'을 성격의 특징으로 잘 드러낸다. 즉 현재의 위치에 이르기 위해 자신의 성격과 특징을 잘 활용하는 것이다.

이제 협상가로서의 이상적인 성격이 어떤 것인지 살펴보자.

자신감

능력 있는 협상가는 자신감에 차 있다. 그런 사람은 내면적으로 자신의 '유능함'을 알고 있다. 진정으로 자신감이 있는 사람은 함께 있음으로 해서 즐거움을 주는 사람이다. 그들은 자신의 가치를 믿기 때문에 협상에서도 상대방에게 거만하게 굴지 않는다. 또한 남들에게 상처를 주는 독설도 사용하지 않는다.

그들은 품위 있는 단어를 사용한다. 협상 테이블에서 화가 나도 품위 있는 언어로 상대방을 압도하므로 상대는 반대로 자신감을 상실하게 된다. 그들은 자신감이 있으므로 교묘하고 기만적인 방법으로 자신의 가치를 증명하는 데 시간을 낭비하지 않는다. 따라서 자신감은 협상에 있어 주도권을 잡게 하는 힘이다.

진실성

진실한 사람은 겉모습에서도 거짓이 없어 보인다. 자신을 돋보이게 하기 위해서 위압적인 행동도 하지 않는다. 가식적인 태도를 취하지도 않고, 모르는 일을 아는 척하지도 않는다. 진실한 사람은 '보이는 것만으로 알 수 있는 사람', 다시 말해 스스로에게도 정직한 것처럼 상대에게도 정직한 사람이다. 그런 사람은 자동적으로 다른 사람에게 신뢰를 불러일으킨다.

신뢰는 중요하다. 신뢰 없는 협상은 100% 지게 되어 있다.

정직

정직한 협상가는 속이고, 거짓말하고, 훔치는 것이 나쁘다는 것을 안다. 실세 비윤리적인 방법으로 얻은 단기적인 성공은 징기직으로는 너무 큰 대가를 지불하게 된다. 부패와 부정은 개인적으로는 물론이고 사회적으로 신뢰를 좀먹는다. 그리고 신뢰할 수 없는 사회에서는 진실하고 상호 유익한 관계를 지속적으로 유지하는 것이 어렵다. 정직하지 못하면 신뢰를 잃게 된다. 비즈니스로 성공하고, 협상에서 성공하고 싶다면 언제나 정직해야 한다.

이해심

이해심이 많은 사람은 신중하게 판단하고 빠르게 이해한다. 또 다른 사람들이 보여주는 표면적인 모습을 넘어서 사회적 '가면' 아래의 진짜 모습을 지닌다. 그들은 누구나 자신만의 어려움과 고민을 가지고 있음을 안다.

이해심이 많은 사람은 다른 사람들과 공감하면 비판 대신 격려를 한다. 상대방도 그런 마음을 알게 되면 보다 호감을 표시하게 된다.

서로에게 협력적인 동반자가 되는 길은 이해심을 잃지 않는 것이다.

합리성

합리적인 사람은 문제의 양쪽 모두를 볼 줄 아는 사람이다. 즉 자신의 입장뿐만 아니라 상대방의 입장도 보는 것이다. 물론 유능한 협상가는 자기편에게 이득이 되는 쪽으로 결론을 이끌어 내는 것이 자신의 책임임을 알고 있다. 동시에 어떤 문제든 간에 항상 양면이 존재하며, 누구나 정당한 이해관계와 요구사항을 가지고 그것을 제시할 수 있음도 알고 있다.

협상에서 합리적인 사고방식은 매우 중요하다.

의사소통의 능력

훌륭한 협상가라고 하면 의사소통 능력은 기본적으로 가지고 있다. 의사를 소통하는 데는 언어, 행동, 몸짓 등이 모두 해당된다.

의사소통에 뛰어난 사람은 재미있고, 유쾌하게 대화를 이끌어 가며, 대화의 핵심을 잘 요약하고, 협상 페이스를 조절하는 데 능숙하다. 하지만 의사소통이 능하다고 하는 것은 비단 자기의 의도를 상대에게 전달하는 능력만을 말하는 것은 아니다. 그보다는 오히려 상대의 말에 주의를 기울여 경청함으로써 상대에 대해 보다 잘 이해해주는 것을 뜻한다. 상대의 말을 열심히 듣고 제대로 이해하기 위해 노력하는 것만으로도 의사소통에 관한 능력은 그만큼 향상될 것이다.

Negotiation

이순신이 진린에게 고개를 숙인 것은
나라를 위해서였다.
당시 조선의 힘만으로는 도저히
왜적을 물리칠 수 없었기에
보다 큰 대의를 위해서 자존심을 버렸던 것이다.

1

Negotiation

대의를 위해서 고개를 숙인
이순신

"저렇게 성질이 사나운 진린 도독이 남쪽으로 내려가 이순신을 만나면 티격태격 난리가 날거야."

대신들의 근심이 태산 같았다. 임진왜란 막바지에 처했을 때 명나라 진린 도독의 함대가 조선을 도우려고 한양에 왔는데 소문대로 그는 성격이 흉폭했다. 그의 비위를 건드린 조선 대신들은 곤장을 맞는 수모를 당했다. 그는 한바탕 난리를 피우고 조선의 수군과 합류하려고 남쪽으로 내려갔다.

대쪽 같은 이순신 장군은 그를 어떻게 맞이했을까?

이순신은 철저하게 자신을 낮추고 진린을 맞이하기 위하여 수 십 리 길을 마중나갔다.

진린은 도착하자마자 전투가 이미 끝난 것을 알고 이순신에게 고함을 질렀다.

"연통을 늦게 보낸 이유가 뭐요?"

이순신은 차분하게 말하였다.

"왜구들은 진 도독의 이름만 듣고도 두려워 물러갔소. 그래서 연통을 할 상황이 아니었소."

통역을 통해 이 말을 들은 진린의 표정이 더 험악하게 일그러졌다. 그러자 이순신은 갑판 위에 쌓아둔 수급(싸움터에서 벤 적군의 머리)을 가리키며 말했다.

"진 도독께 드리려고 모아둔 수급이오"

"저 많은 수급을 준다는 말이오?"

"그렇소."

진린은 벌어진 입을 다물지 못했다. 전투에 나선 장수가 수급을 많이 확보하는 것은 바로 훈장을 받는 것과 같았기에 진린이 그토록 좋아했던 것이다.

이순신은 옆에 부하에게 명령하였다.

"조 방장, 이 수급들을 모두 도독의 배에 옮겨라. 모두 도독께서 거둔 성과니라."

진린은 이순신을 덥석 껴안으면서 호탕하게 말하였다.

"이 충신의 명성은 익히 들어서 알고 있었소, 역시 천하를 경영할 만한 재질을 가졌구려."

그 때부터 진린은 자신의 부하들에게 이순신의 명령에 따르도록 하였다. 마침내 이순신은 갑의 위치에 오르게 되어 왜적을 물리치는데 그니큰 도움이 되는 우군을 얻게 된 것이다.

직장이나 사업에서 큰 성과를 올리기 위해서는 때로는 눈앞의 체면이나 자존심 따위는 버리고 이순신처럼 협상할 필요가 있다. 이순신이 진린에게 고개를 숙인 것은 나라를 위해서였다. 당시 조선의 힘만으로는 도저히 왜적을 물리칠 수 없었기에 진린의 비위를 맞추어서 왜적을 함께 몰아내려는, 보다 큰 대의를 위해서 자존심을 버렸던 것이다. 나라를 위해서라면 일시적이나마 고개를 숙이는 용기가 이순신의 충성심을 말해주는 대목이다.

'인간 관계의 대부'라고 불리는 데일 카네기는 상대를 자기 뜻대로 움직이도록 하기 위해서는 다음과 같이 해야 한다고 했다.

첫째, 상대의 의사를 존중하라.
둘째, 상대에게 존재의식을 깨우쳐 주어라.
셋째, 상대의 기분과 입장을 파악하라.

협상은 상대가 좋아하는 것을 미끼로 하지 않으면 자기의 의도대로 움직이게 할 수 없다. 이 유혹의 법칙은 이성을 사귀는 데도 적용된다.

2

Negotiation

콧대 높은 사람에 대한
대처법

⚖

이순신처럼 대의를 위해서 저자세로 소기의 목적을 얻어내는 방법도 있지만 이에 대비되는 방법도 있다.

협상을 하다보면 자신이 유리한 위치에 있다고 해서 콧대를 높이 세우고 거들먹거리는 사람을 자주 만나게 된다. 이 때 불리한 위치에 놓인 사람으로서 이에 대처하는 자세로 다음이 4가지가 있다.

허점을 찌른다

상대가 우월한 협상력을 바탕으로 마구 밀어 붙이면 고개를 숙여 상대의 기를 더욱 강하게 만든다. 그러면 그는 더욱 교만해질 것이다. 그리고 교만해지면 반드시 허점을 드러낸다. 이때 ㄱ 허점을 공

87

Part 01
왜 협상이
필요한가?

격해 유리한 고지를 점령하는 것이다.

우리나라가 동해안에 원자력발전소를 지을 때 콧대 높은 프랑스 기술자들 때문에 애를 먹은 적이 있다. 건설 현장에 가족만 입주할 수 있는 외국인 사택이 있었는데, 그들은 거드름을 피우며 가족이 아닌 여자들을 데려와 동거했다. 주무처인 한전은 이를 모른 척하고 묵인했다.

그러다가 어느 날, 한전은 사장의 특별 지시라며 혼인 관계를 입증할 수 있는 증명서를 제출하든지 아니면 당장 나가라고 돌변했다. 그들로선 그런 사실이 본사에 알려지면 큰 망신이었다. 졸지에 수세로 몰린 그들은 사정을 보아달라고 애걸하는 처지가 되어 버렸다. 물론 그 다음부터 그들의 태도가 싹 변한 것은 말할 필요가 없다.

기선을 제압한다

두 번째 방법은 아예 기선을 제압해버리는 것이다.

1970년대 국내에 조선소를 지을 때 일본의 한 조선업체에서 파견 나온 일본인 기술자가 뺀질거리며 기술 이전을 회피했다. 간부회의에서 이 문제가 논의되자 당시 CEO가 갑자기 일본 말로 그 기술자에게 엄청나게 모욕적인 언사를 마구 퍼부었다.

'아, 이제 조선소 다 지었구나!' 그 자리에 있던 간부들은 눈앞이 깜깜해졌다. 그런데 무슨 일이 벌어졌을까? 그 기술자는 즉시 본사로 소환당했다. 화합을 중시하는 일본의 기업문화에서 보면 외국으로 파견한 기술자가 현지인과 잘 지내지 못하고 불필요한 마찰을 일으키는 사람은 문책하는 것이 당연했던 것이다. 일본에서 교육을 받은 이 CEO는 이 같은 일본 문화를 미리 알고 잘 계산된 기선 제압 전략을 쓴 것이다. 그렇다면 교체되어온 일본 기술자의 태도는 어땠을까? 괜히 한국인과 마찰을 일으키면 전임자 꼴이 될 게 뻔하기에 아주 협조적이었다고 한다.

교환의 법칙을 사용한다

이 전략은 상대가 너그럽게 나올 때의 협상 전략이다. 쉽게 말해 이번에 봐주면 언젠가는 보답하겠다는 식이다. 이런 전략은 관계를 중시하는 동양에서 잘 통한다.

우리나라의 협상 담당자는 한일 슈퍼 엑스포 관계로 일본의 통상산업성의 A과장과 서울과 도쿄를 오가며 협상을 했다. 그런데 그는 일본에 가서 일이 여의치 못하자 이 일을 해결 못하고 귀국하면 장관에게 깨지게 될 게 뻔하니 인간적으로 협조해달라고 부탁했다. 그러자 일본의 A과장은 선뜻 부탁을 들어줬다. 상대와의 관계를 길게 보는 동양인 특유의 교환법칙이 적용되었던 것이다. 몇 달 후 그 과장이 서울에 와 다른 부탁을 했을 때 우리나라 당사자는 물론 들어

줬다. 이유는 간단했다. 지난번에 한번 봐주었기 때문이었다.

그런데 이 같은 전략은 미국 등 서양인과의 협상에서는 안 통한다는 것에 유의해야 한다. 단기적인 성과에만 관심이 있는 그들에게 "한번 봐달라."고 부탁하면 자신의 약점만 노출시키는 결과가 되어 상대는 협상에서 그 약점을 집중 공격해 이익을 극대화시키려고 할 것이다.

백지수표 전략을 구사한다

미국의 저명한 협상학 권위자인 쉘 교수는 서로 마음을 터놓고 협상을 하면 원원win-win 게임을 할 수 있는데도 지레 겁을 먹고 양보하는 경우가 있는데 그럴 때는 다음과 같이 하라고 권한다. 먼저 솔직히 인정하고, 그러나 양보 카드는 절대 내밀지 말며, 선처를 부탁하는 '백지수표' 전략을 쓰면 예상 외로 좋은 결과를 얻을 수 있다고.

맹소심 부장이 미국에 출장 가서 100달러짜리 만년필을 샀다. 그런데 마음에 안 들어 다시 가게로 갔다. 이미 잉크를 묻혀 놓았기에 미안한 마음에 환불 대신 100달러짜리 다른 물건으로 교환해달라고 했다. 그런데 점원은 퉁명스럽게 "노no!"라고 거절했다. 순간 그는 따지려다가 마음을 바꿔 '그럼 어떻게 하면 좋겠냐?'라며 '백지수표'를 던졌다. 그런데 의외로 "요금 환불cash back!"이라고 말하면서

100달러짜리 지폐 한 장을 건네주었다. 알고 보니 소비자의 천국인 미국에서는 판매업자가 그 만년필을 제조업체에게 반납해 버리면 되었던 것이다. 그래서 소비자와 가게 주인으로선 가볍게 윈윈할 수 있었다.

Negotiation

Part 6

성공을 위한
12가지 협상 원칙

사람의 욕구는 한 가지가 아니라 다양하다.
따라서 겉으로는 이것을 요구하면서도
속으로는 다른 것을 원할 수도 있다.

1

Negotiation

요구 뒤에 숨어 있는
의도를 찾아라

♎

"도독께서 저 왜군들의 수급을 전부 가지십시오."

이순신이 몹시 못마땅한 표정을 하고 있는 명나라 도독 진린의 마음을 돌리기 위하여 제안한 것이다.

진린의 입이 크게 벌어졌다.

"그게 정말이요?"

"물론입니다. 제독께서 오신다는 말을 듣고 우리 군사들의 사기가 올라 도망가는 왜군들을 뒤쫓아 가서 벤 수급이니 제독께서 가지는 것이 당연합니다."

그토록 거만하고 콧대 높이 굴던 진린은 그 때부터 이순신의 말을 잘 들었으며, 자기 군사들로 하여금 이순신의 명령에 따르게 하였다.

이순신은 큰 힘을 들이지 않고 진린과의 협상에서 우위를 차지한 것이다. 진린이 무엇을 욕구하는지를 정확히 간파하고 먼저 선수를 쳐서 그 욕구를 들어주었기 때문에 가능했던 것이다.

사람들이 협상을 하는 이유는 자신이 가지고 있는 욕구를 스스로 충족시킬 수 없기 때문에 그 욕구를 상대에게 요구하기 위함이다. 그런데 상대가 그 욕구를 먼저 충족시켜준다면 협상 자체가 필요하지 않을 것이다.

예를 들어서 어린아이와 엄마와는 아무런 협상이 없다. 왜냐하면 엄마가 그 어린아이의 요구를 모두 들어주기 때문이다. 그러나 아이가 성장하면서 요구하는 것이 다양해지고 확대될 때는 협상이 필요하게 된다. 즉 아이는 엄마에게 무엇인가를 요구하고, 엄마 역시 그것을 조건으로 무엇인가를 요구하게 된다.

서희 장군의 협상 과정을 통해서 우리가 알아야 할 것은 '사람은 요구를 만족시키기 위해서 요구하는 것이 아니라 욕구를 만족시키기 위해서 요구한다.'는 것이다. 요구는 욕구의 심부름꾼이고, 주인은 욕구다. 따라서 중요한 것은 상대방의 욕구인 것이다.

사람들은 협상을 할 때 상대방의 요구에 초점을 맞추다가 실패를 한다. 요구는 겉으로 드러나지만, 욕구는 마음속에 숨기고 있거나 나중에 본격적으로 협상이 벌어질 때 말하는 경우도 있다. 따라서 겉으로 드러난 것에만 매달리다보면 상대방의 욕구가 무엇인지 파악하지 못하는 경우가 많다.

80만 대군을 이끌고 고려를 침입한 소손녕은 겉으로는 고려의 항복을 요구했지만 실제는 송 나라와 국교를 끊고 자기네 나라와 국교를 맺기 위함이었다.

자동차 판매소에 한 여성이 찾아와서 승차감과 성능이 뛰어난 소나타Ⅱ를 찾았다 하자. 그 때 마침 그 차가 없을 경우 "소나타Ⅱ는 저희 회사의 차가 아니라서 취급하지 않습니다."라고 잘라서 말하면 협상은 끝나버린다. 그러나 고객의 욕구에 맞춰 "그 차 못지않은 승차감과 성능이 좋은 아반테가 있습니다."라고 그의 욕구를 자극하면 협상이 시작될 수 있을 것이다.

사람들은 보통 어떤 욕구를 충족시키고 싶을 때 한 가지 방안을 생각하고 그것을 요구한다. 그러나 실제로는 욕구를 만족시킬 방안이 여러 가지가 있다. 따라서 상대가 욕구하는 것을 알고, 그 욕구를 만족시킬 다양한 대안을 제시한다면 상대방은 구태여 최초에 요구한 것을 고집하지 않고 제시한 방안을 받아들일 것이다.

2
Negotiation

창조적 대안을 제시하라

진린이 도착하기 하루 전, 이순신은 50척의 왜선을 격침시켰다. 그리고 왜군의 수급을 거두니 무려 70여 구나 되었다. 이순신은 수급을 거둔 조선 장수의 명단과 각 군선이 격침시킨 왜선의 수를 상세하게 기록하라고 지시하였다. 조정에 보고하기 위함이었다.

권쥰이 왜군의 수급을 모두 가져오자 이순신은 그 중에서 수십 구를 진린에게 주라고 명하였다. 그러자 이영남이 반대하였다.

"우리 군사들이 목숨을 걸고 얻은 수급을 진린에게 다 주면 우리 수군은 싸우지 않고 뒷짐만 지고 있다는 비난을 받을 것입니다."

그러자 이순신은 장계를 두 장 쓰되, 한 장은 진린과 조신 군사가 함께 싸워서 왜적 수급 70여구를 얻었다는 내용이고, 또 한 장은 사실대로 조선군이 싸운 후에 진린이 도착하여 왜군의 수급을 가져갔나는 내용이었다.

이 두 장의 장계를 가지고 한양으로 가서 만일 진린이 한양에 도착해 있으면 앞의 장계를 올리고, 그렇지 않으면 뒤의 장계를 올리도록 하였다. 이영남은 참으로 좋은 계책이라고 이순신을 칭송하였다.

사람들은 협상할 때 한 가지 방법만 제시하고, 그것에 전부를 건다. 그것은 욕구를 들어줄 방법이 그것밖에 없다고 생각하기 때문이다. 그러나 서로의 욕구에서 공통분모를 찾아 그에 초점을 맞춘다면 양쪽 모두 만족할 수 있는 대안을 찾아낼 수 있다.

최근 창조적 대안으로 협상을 타결한 가장 좋은 예로 이스라엘과 이집트 간의 평화협상을 들 수 있다.

1967년 이집트와 이스라엘이 전쟁을 벌여 6일만에 이스라엘의 승리로 끝났다. 그 결과 이집트는 시나이반도를 빼앗기고 말았다.

그후 1978년 양국은 카터 미국 대통령의 중재에 따라 마주 앉았다. 이 때 미국 국무장관 사이러스 밴스는 양국이 요구하는 것과는 달리 욕구하는 것이 무엇인지 간파했다. 그리하여 그들의 욕구에 맞춰 창조적 대안을 찾기로 했다.

이집트는 시나이 반도를 100% 반환을 요구했으나 그 뒤에 숨어있는 욕구는 명예회복이었다. 시나이 반도를 빼앗긴 이집트 정부는 전부 되찾지 못하면 자존심을 회복할 수 없기 때문이었다.

이스라엘이 별로 쓸모가 없는 시나이반도를 되돌려줄 수 없다고 하는 이유는 이집트와 자국 사이에 완충지대를 만들어 두고 싶었기 때문이었다. 그래야 이집트가 다시 침공해 와도 이스라엘까지 오는

데 시간이 걸리기 때문에 여러가지로 유리하였던 것이다. 양쪽의 욕구를 간파한 미국의 국무장관은 양국의 욕구를 충족시키는 창조적 대안으로 시나이반도를 이집트에 되돌려주는 대신 그 지대에 유엔군이 주둔한다는 안을 제안하였다. 이 제안을 이스라엘이 받아들임으로써 11년간 끌어오던 불화를 잠재웠던 것이다.

이와 같이 요구가 아니라 욕구에 초점을 맞추면 창조적 대안이 나올 수 있다.

3
Negotiation

욕구를 점차적으로 높여라

⚖

    인간의 소유욕은 무한하다. 작은 것에서 좀 더 큰 것으로, 낮은 지위에서 보다 높은 지위로, 등 끝없는 상승 욕구를 느낀다. 무한대로 향하여 끊임없이 나아가는 것이다. 때문에 설득을 할 때는 상대의 마음속에 숨어 있는 사소한 것을 자극하기 시작하는 것이 좋다. 즉 자연스럽게 받아들일 것으로 시작하는 것이 좋다는 이야기다.

    처음 인천에 러브호텔을 구상한 사람은 이를 시작할 때는 극히 망설였다고 한다. 아직 섹스 산업이 외국처럼 발달하지 못한 우리나라에서 성공여부가 불투명했던 것이다. 그래서 생각해낸 것이 러브호텔의 다양화였다.

    러브호텔이란 아베크족들이 잠시 쉬어가는 곳이다. 때문에 대낮에 어떻게 그런 곳으로 들어오게 만들 것인가가 문제였다. 그래서 생각 끝에 고안해낸 것이 욕구를 가속화시키는 것이었다.

그는 3층 건물의 1층은 커피숍을 만들고, 2층에는 호프집, 3층에는 러브호텔을 만들었다. 아베크들이 처음에는 커피나 한 잔 하고 가자면서 커피숍에 들어와서 쉬다가 이왕이면 호프를 한 잔 하자면서 2층으로 올라와서 술을 마신다. 그리고 어둑한 곳에서 술잔을 기울이다가보면 자신도 모르는 사이에 본능적 욕구에 이끌려 호텔로 들어온다는 것이다.

이렇게 인간의 마음을 유혹하는 데는 욕구를 점진적으로 높이는 것이 효과적이다. 받아들이기 어려운 것일수록 그에 대한 반발이 큰 법이니 서서히 유도하는 것이다.

자신도 모르는 사이에 욕구에 자극이 강해지면 거부반응이 약해지고 분위기에 말려들게 되는 것이다.

4

Negotiation

가치와 본능을 자극하라

♎

    사람의 욕구는 한 가지가 아니라 다양하다. 따라서 겉으로는 이것을 요구하면서도 속으로는 다른 것을 원할 수도 있다. 사람 속은 알기가 어렵다는 이야기다.

    이처럼 다양한 욕구는 기본적으로 가치와 본능으로부터 비롯된다.

    그렇다면 가치란 무엇을 말하는가? 그것은 사람이 가장 중요하게 여기는 것을 말한다. 따라서 가치는 그 사람의 인생관에 따라 다를 수 있다.

    또 가치는 항상 일정하지 않고 생각의 변화에 따라 다를 수 있다.

    이순신은 가치를 나라를 구하는 데에 두었기에 자존심 따위는 버리고 명 나라 제독 진린의 비위를 맞추느라 애를 썼다.

    이순신 같은 분이 어떻게 그렇게 할 수 있느냐고 분노하는 사람이 있겠으나 당시 그에게는 왜적을 물리치는 것이 최대의 가치였기 때문에 그런 행동을 할 수 있었던 것이다.

사람의 마음속에는 공정, 공평, 명예, 박애, 성공, 출세 등 다양한 가치가 공존하여 서로 경쟁하고, 그 경쟁에서 마지막으로 승리하는 가치가 그 사람의 행동을 지배하게 된다.

그런데 사람의 욕구는 가치에서 나오기도 하지만 본능에서 나오기도 한다.

본능 역시 다양하다. 적으로부터 죽임을 당하지 않을까하는 두려움의 본능에서부터 인정받고자 하는 본능, 사랑받고 싶은 본능, 부자로 잘 살고 싶은 본능 등 다양하다. 그리고 이 본능에 따라 움직인다.

이순신이 가치와 본능을 어떻게 자극하여 진린과의 협상에서 이겼을까 살펴보자.

이순신은 진린이 공명심과 자기를 과시하는 본능이 강하다는 것을 알았다. 그래서 그 본능을 자극하기 위해서 그가 오자마자 왜구 수십 구를 주면서 그가 전투에서 승리하여 많은 공을 세웠다는 깃을 그의 조정에 알리도록 하였다. 그러자 공명심이 많은 진린의 본능이 자극을 받아 이순신에게 손을 들었던 것이다.

실제 본능과 가치를 협상에서 적용하는 예를 하나 들어보자.

당신이 가까운 친구로부터 5백만 원의 부채를 지고 있는데, 그 친구로부터 상환 독촉을 받았다면 '우정'이라는 가치를 이용하여 형편이 좋아진 때까지 미룰 수 있나.

모든 사람에게는 가능하면 좋은 일을 하고 싶어 하는 욕구가 있다. 이익을 취하고 싶어 하는 욕구가 있기 때문에 그것이 쉽지는 않지만 강한 자극을 받으면 마음을 바꿀 수 있는 것이다.

좋은 일을 하고 싶어 하는 욕구 중에서 협상에서 자주 적용되고 있는 것이 '공평하고 싶다'는 생각이다.

협상에서 성공하기 위해서는 사람에게는 다양한 욕구가 있으며, 겉과는 다르게 숨겨져 있는 욕구가 있다는 것을 아는 것에서부터 출발해야 한다.

서희가 소손녕의 욕구가 고려와의 친교에 있다는 것을 파악하지 못했다면 그렇게 성공하지 못하였을 것이다.

협상이란 한 마디로 말해 이렇게 숨겨진 다른 욕구를 자극함으로써 본래의 욕구를 희석시키고 상대로 하여금 융통성을 발휘하도록 하는 과정이라고 할 수 있다.

5
Negotiation

서로 원원^{win-win}하는
협상을 하라

⚖

협상에는 두 가지가 있다. 하나는 상대방을 쥐어짜서 이기는 협상이고, 또 하나는 원원 협상이다.

협상의 결과에 대해서 말할 때 사람들은 '이겼다' 또는 '이긴 협상'이라는 말을 쓴다. 이것은 협상을 마치 게임인 것처럼 생각하기 때문에 생기는 말이다.

'상대가 졌다'라고 말할 때에는 상대가 많은 손해를 본 것이 되고, '우리가 이겼다'고 말할 때에는 크게 이익을 봤다는 것을 뜻한다. 이렇게 말하는 사람의 심리에는 협상이 마치 나의 이익만을 추구하는 것으로 착각이 내재해 있다.

이것은 협상의 본질을 잘못 알고 있기 때문이다. 성공적 협상이란 상대를 어떻게 해서든지 굴복시켜서 자신만의 이익을 추구하는 행위가 아니다.

실제로 상대를 쥐어짜거나 굴복시킨다면 얻는 이익은 별로 없다. 또 협상에서는 성공했지만 막상 자신의 손에 들어오는 것은 별로 없을 때도 있다.

그렇다면 상대를 쥐어짜거나 굴복시키는 협상과 서로 윈윈하는 협상의 차이는 무엇일까?

전자는 협상이 끝났을 때 상대방이 손해를 보았다고 느끼는 협상이다. 다시 말해서 자신이 그 협상을 통해서 얻은 것보다 더 많은 것을 주었다고 느끼는 협상이다.

반면에 윈윈하는 협상은 상대방이 자신이 준 것만큼 받았다고 느끼는 협상이다.

상대를 이긴 협상이
최악의 결과를 가져온 예

상대를 이긴 협상도 때에 따라서는 얼마나 엄청난 손해를 가져오는지, 제1차세계대전을 통해서 알 수 있다.

그 전쟁에서 승리한 국가들은 패전국들을 상대로 피해보상을 요구하는 협상을 벌였다. 승전국들은 패전국들이 다시는 전쟁을 일으키지 못하도록 한다는 명분으로 감당하기 힘든 금액을 요구했다. 그리고 일방적인 승리로 막을 내렸다.

그러나 20년이 지나도 패전국들은 도저히 갚을 수 없었다. 경제

파탄을 맞게 된 패전국들은 원한을 품게 되었고, 급기야 또다시 전쟁을 일으키고 만다. 제2차 세계대전이 바로 그 전쟁이었다.

승전국들은 단기적으로는 승리감과 문서화된 배상금을 받을 수 있었지만 제2차대전의 발발로 오히려 더 많은 피해를 보고 만 것이다. 승전국들은 협상에서는 이겼지만 실제로는 큰 손해를 보고 만 것이다.

원인 협상이
좋은 결과를 가져온 예

원원 협상으로 좋은 결과를 가져온 예는 미국의 남북전쟁을 들 수 있다.

당시 남군이 패하자 남군 총사령관 리 장군은 패잔병을 이끌고 죽을 각오를 하고 협상장으로 나갔다. 그런데 승리한 북군 사령관 그랜트 장군은 협상에서 놀라운 행동을 하였다. 패전한 리 장군이 타는 말과 그가 사용하던 무기를 돌려주는 것은 물론 굶주린 패잔병에게 먹을 식량까지 제공하는 것이었다.

리 장군은 물론 남부의 사람들은 커다란 감동을 받았다. 그것은 남북 화합의 계기가 되었다.

만약 세1차 세계대전 때처럼 승리한 북군이 패한 남군에게 혹독하게 대했다면 미국은 오늘날처럼 대통합은 어려웠을지노 모른다

이긴 협상이 꼭
좋은 것은 아니다

상대를 쥐어짜거나 굴복시켜서 이긴 협상이 꼭 좋은 것만은 아니다. 왜 그럴까?

패한 상대는 기회만 오면 복수를 하기 때문이다. 그리고 그 복수의 방법은 여러가지가 있을 수 있다.

첫째 협상으로 맺은 계약을 일방적으로 파기할 수도 있다.

두 번째는 계약을 파기하지는 않더라도 충실히 이행하지 않을 수 있다.

마지막으로 이긴쪽을 상대로 모략과 중상을 하고 다닐 수도 있는 것이다. 그 결과 보이지 않게 큰 피해를 입히는 것이다.

결론적으로 강제로 이긴 협상은 얻는 것보다 잃는 것이 더 많은 경우가 허다하다.

따라서 협상은 양쪽 모두가 즐거운 윈윈 협상이어야 한다. 즉 상호간에 준 것만큼 얻었다고 생각할 수 있어야 한다.

6

Negotiation

객관적 기준부터 정하라

모든 일에는
'기준'이 있다.

  서로 다르게 생긴 물통을 가지고 있는 두 사람이 자기 물통 안의 물이 더 많다고 싸우고 있다면 똑같은 물통에 물을 옮겨 담아보면 된다. 골동품을 사려고 하는데 판매자가 터무니없는 가격을 부른다면 골동품 전문 매장이나 전문 감정사를 찾아가 감정 가격을 알아보면 된다. 이처럼 세상의 많은 일이 기준을 제시하면 의외로 쉽게 해결된다. 하지만 실제 협상에서는 많은 사람들이 이러한 기초적인 사실을 자주 잊는다.

  객관적인 기준을 제시하기보다는 내가 원하는 것을 주장하기 때문이다. 각자 자기주장만 하면 절대로 결론이 나지 않는다. 기준을 생각하면 쉽게 해결될 수 있는 데도 말이다.

숫자 게임에서
탈출하라

협상은 그 수준에 따라 여러 단계로 구분된다. 그중 가장 초보적인 수준의 협상을 우리는 '흥정'이라고 한다. 흥정은 숫자로만 이야기하는 협상이다. 예를 들면 다음과 같은 것이다.

구매자 | 이 집 가격이 얼마입니까?

집주인 | 5억 원 주시면 팔겠습니다.

구매자 | 5억 원은 너무 비쌉니다.

집주인 | 그럼 얼마면 사시겠어요?

구매자 | 한 4억 원 정도면 생각해보겠습니다.

집주인 | 4억 원이라니요, 말도 안 됩니다.

구매자 | 한 2,000만 원 더 드릴게요.

집주인 | 안 됩니다. 꼭 5억 원 주셔야 합니다.

구매자 | 아니, 좀 깎아주는 맛이 있어야 하지 않습니까?

집주인 | 네, 그럼 한 2,000만 원 깎아드릴게요.

구매자 | 서로 반씩 양보해 4억 5,000만 원에 합시다.

집주인 | 나 원 참……. 그럼, 그렇게 합시다.

이런 협상은 논리로 하는 협상이 아니라 숫자로 하는 협상이다. 정확히 이야기하면 협상이 아니라 숫자 게임이라고 볼 수 있다. 집주인이 5억 원을 부를 때 구매자가 4억 원을 제시하면 그다음부터의 협상은 사실상 예정된 코스를 밟아가는 것이나 다름없다. 두 사람 모두 자존심이 있기 때문에 딱 중간에서 만나지 않는 한 거래가 성사될 가능성이 매우 낮다. 둘 다 그 사실을 알고 있기 때문에 이미 정해진 선을 향해 숫자 게임을 하는 것이다.

이런 원초적 형태의 협상은 협상이라기보다는 하나의 의식이라고 할 수 있다. 이들은 4억 5,000만 원이라는 가격에 도달하기 위해 하나의 의식을 치렀을 뿐이다. 이를 통해 구매자는 어느 정도 깎았다는 만족감을 얻고, 집주인은 자기가 받아들일 수 있는 가격을 받았다고 만족하는 것이다. 협상학에서는 이런 협상을 '하이로우 게임'이라고 부른다. 결국 중간에서 타결될 것을 예상하고 양쪽이 각각 적절한 요구를 한 뒤, 중간으로 향하는 방식이다.

이러한 하이로우 게임은 아주 간단한 협상, 예를 들어 동대문시장 같은 곳에서 이뤄지는 매매에서는 나름대로 효용성이 있다. 하지만 좀 더 복잡하고 고차원적인 협상에서는 힘을 발휘하지 못한다. 왜냐하면 논리성과 객관적 기준이 결여되어 있기 때문이다.

좋은 협상은 숫자가 아닌 논리로 하는 협상이다. 즉 합리성을 기초로 협상을 한다는 뜻이다. 그렇기 때문에 양쪽 모두 서로의 입장을 납득하기 쉽고, 결과에 승복하기도 쉽다. 이런 협상을 '원칙에 입각한 협상'이라고 한다.

숫자로만 하는 협상은 타결 가능성도 상대적으로 낮다. 양쪽에서 똑같은 수준으로 양보를 하지 않는 한 타결되기가 힘들기 때문이다. 그렇다면 논리에 입각한 협상은 어떤 것인가? 그 사례를 다시 보자.

구매자 | 이 집 가격이 얼마인가요?

집주인 | 6억 원 내시면 팔겠습니다.

구매자 | 6억 원은 너무 비싼 것 같습니다.

집주인 | 그럼 얼마 정도면 사시겠습니까?

구매자 | 6억 원이고 5억 원이고 정하기 전에 우선 이 동네 시세가 어떤지부터 알았으면 좋겠네요. 혹시 아세요?

집주인 | 작년까지는 알았는데 요즈음은 어떻게 되는지 잘 모르겠는데요.

구매자 | 그럼 시세를 알아보고 나서 그것을 기준으로 이야기해보는 게 어떨까요?

집주인 | 그게 맞는 것 같네요. 공인중개사에게 전화해볼까요?

구매자 | 그러시죠.

이 두 사람은 지금 무엇을 했는가? 가격에 도달하는 하나의 객관적 기준에 합의한 것이다. '시세'라는 것은 보통 시중에서 거래하는 가격이다. 이들은 가격을 객관적 기준으로 정하기로 합의한 것이다. 숫자만 가지고 흥정하는 것보다는 훨씬 더 합리적이고 논리적인 접근법이다. 이렇게 객관적 기준이 도입되면 협상에 하나의 원칙과 논리가 생겨난다. 그냥 5억 원이니 4억 원이니 하면서 숫자 놀음을 하는 것과 비교할 때 훨씬 더 합리적이다. 자, 그럼 이제 집주인이 그 집의 시세를 알아왔다고 하자.

> 집주인 | 알아봤더니 우리 동네 시세가 평당 500만 원 정도라고 하더군요.
> 구매자 | 이 집이 대지 100평, 건평 60평이지요? 그러면 5억 원 정도가 시가라고 할 수 있겠네요. 요즈음은 보통 건물 값은 안 치니까요.

만일 집주인이 여기에 동의한다면 거래는 성사될 것이다. 이와 같이 어떤 숫자에 합의하기 위한 논의의 첫 출발점이 되는 기준, 그것을 스탠더드 또는 '객관적 기준'이라고 한다. 먼저 객관적 기준부터 합의를 하고 그것을 출발점으로 삼아 협상을 진행하면 그렇지 않은 경우보다 훨씬 더 합리적으로 협상을 진행할 수 있다.

협상이란 떡을 나누어 먹는 과정이다. 그래서 양 당사자는 상대방이 자기보다 많이 먹으려 할 것이라고 의심하게 된다. 따라서 상대방이 제시하는 숫자를 항상 의심의 눈길로 바라보게 되고, 그로 인해 그 숫자를 그대로 받아들이지 않는다. 그러므로 객관적 기준에 먼저 합의를 하는 것은 둘 사이에 있는 의심의 먹구름을 제거하는 좋은 수단이 될 수 있다.

객관적 기준을 적용하라

그렇다면 객관적 기준으로 사용할 수 있는 것으로는 어떤 것들이 있을까?

먼저 '시장 가격'을 들 수 있다. 이는 현재 시장에서 매매되고 있는 일반적인 수준의 가격을 말한다. 앞에서 예로 든 주택 매매 사례에서 바로 이 시장 가격(시세)이 기준이 되었다. 이는 협상의 기준으로 가장 많이 활용된다.

두 번째로 쓰이는 것은 '제3자의 결정'에 맡기는 것이다.

협상의 양 당사자들이 모두 신뢰하는 제3자로 하여금 공정한 결정을 내리게 하는 방법이다.

예를 들어 앞의 주택 매매 사례에서 집을 지은 지 7년밖에 되지 않았지만 상당히 낡아서 건물 값을 어느 정도로 쳐주어야 할지 합의를 이루지 못할 경우 양쪽이 모두 신뢰하는 제3자를 정해서 그가 정한 값을 받아들이기로 하는 것이다. 오늘날 '공시지가'라는 새로운 기준을 통해서 거래가 이루어지고 있다.

또한 오랜 세월을 지내는 동안 지혜가 축적되어 형성된 '관례'라는 것도 합의의 좋은 기준이 된다. 예를 들어 합작법인이 연구개발한 기술을 합작 파트너가 도입하고자 할 때 로열티를 몇 %로 할 것인가 하는 것이 협상에서 쟁점이 되었다고 하자. 이럴 때는 '업계 관례인 25% 수준' 같은 식으로 통상적인 관례를 협상의 기준으로 삼을 수 있다.

또 이전에 유사한 사례가 있었을 때의 처리했던 '전례'도 많이 사용되는 객관적인 기준이다. 예를 들어 산업재해 발생 시 회사측과 보상금액을 협상할 때 '전례'가 유용하게 쓰일 수 있다. 비슷한 상황에 대해 법원이 내려준 판례도 유용한 기준이 될 것이다.

마지막으로, 때에 따라서는 절차를 제대로 세우는 것만으로도 공정한 결과를 유도할 수 있다.

케이크를 두 사람이 공평하게 나누어 먹고자 할 때 가장 현명한 방법은 무엇일까? 두 사람이 함께 자른 후 아무나 한 쪽을 선택하게 하면 된다. 그렇게 하면 자를 때 최대한 공평하게 자를 수밖에 없기 때문에 양측 모두 불만이 없게 된다.

이처럼 객관적 기준은 다양하다. 그리고 이를 활용해 양측 모두 신뢰하는 가운데 협상을 진행할 수 있다. 때론 객관적인 기준을 엄격하게 정하면 혹시 나에게 불리해지지 않을까 걱정할 수도 있다.

하지만 그렇지 않다. 객관적인 기준에 따라 합의한 다음, 진짜 협상은 '디스카운트'와 '프리미엄'으로 조정되기 때문이다.

누가 봐도
공정한 기준을 세워라

앞에서 이야기한 대로 협상은 가능하면 양쪽 모두 만족하는 결과가 나오게 하는 것이 바람직하다. 그래야 뒷맛이 좋다. 좋은 뒷맛은 협상과정을 통해서 이루어진 약속을 진정으로 지키고자 하는 마음을 갖게 만들고 그런 마음들이 쌓여 쌍방 간에 장기적이고 우호적인 유대관계가 만들어진다.

숫자를 논하기 전에 합리적 기준을 먼저 정하는 것은 좋은 뒷맛을 만드는 데 결정적인 도움을 준다. 물론 조건은 있다. 그 기준이 최대한 객관적이고 공정한 것이어야 한다는 것이다. 만약 객관적 기준을 정하는 과정에서 자신의 이익을 위해 교묘하게 논리를 풀어낸다면, 즉 '장난'을 친다는 느낌을 준다면 이후의 신뢰관계에 매우 큰 손상을 입힐 것이다. 따라서 객관적이고 합리적인 기준을 설정하는 것이 양쪽 모두를 위해 가장 좋다. 왜냐하면 진짜 협상은 프리미엄이냐 디스카운트냐를 논하는 과정, 즉 2단계 협상에서 다시 할 수 있기 때문이다. 그러므로 객관적이고 합리적인 기준이 무엇인지에 대해 고민하고, 자신이 생각할 때 객관성이 가장 높은 기준을 제시하여 상대방에게 진지하게 설명해야 한다.

또한 상대방이 제안하는 기준에 대해서도 마음을 열고 진지하게 들어야 한다. 상대방의 제안에 합리성이 있으면 기꺼이 그것을 받아들여야 한다. 이견이 있으면 솔직하게 이야기해야 하는 것은 물론이다. 이렇게 객관적 기준에 서로 합의를 하는 과정 자체가 신뢰를 쌓는 데 많은 도움을 준다.

최대한 객관적이고 합리적인 기준을 정하라

최대한 객관적이고 합리적인 기준을 정하려고 노력해야 하지만, 비슷한 수준의 여러 기준이 있고, 그것들이 대체로 상당한 타당성을 지닌다고 생각된다면 당연히 자신에게 유리하게 합의하도록 노력해야 한다. 예를 들어 자신의 실수로 자동차 사고가 나서 상대방의 차가 크게 파손되었는데, 사고 전력 등을 감안해볼 때 도저히 보험회사에 청구할 상황이 아니어서 그냥 현금으로 배상해주는 것이 좋을 경우라고 하자. 이 경우 배상 가격을 정하는 데에도 적용 가능한 기준이 여러가지가 있을 수 있다.

● 차의 현재 장부 가격(구매 가격에서 감가상각비를 뺀 금액)
● 중고차 시장에 내다 팔 때 받을 수 있는 가격

- 동일한 수준의 차를 중고차 시장에서 구입할 때의 가격
- 같은 사고에서 보험회사가 지급하는 평균 금액

　이 중 몇 가지는 서로 비슷한 수준의 논리적 타당성을 가지고 있다. 그런 경우 각각의 기준을 적용했을 때 얼마의 금액이 나오는지를 파악하고 그중 가장 낮은 가격을 기준으로 삼도록 해야 할 것이다. 그러기 위해서는 그 기준을 적용하는 것이 왜 객관적으로 타당한지를 설명하는 논리를 빈틈없이 준비해야 한다. 그리고 그것이 받아들여지지 않는다면 차선의 기준이라도 적용될 수 있도록 준비해야 한다.

　좀 더 비즈니스적인 상황으로 이야기를 돌려보자.

　비상장회사를 인수하는 상황에서 가격을 어떻게 정할 것인가를 놓고 협상을 한다고 하자. 무엇을 기준으로 할 것인가? 아마도 여러 가지 기준이 있을 수 있을 것이다.

- 회사의 장부에 명시된 가격
- 동일 업종 유사 규모의 상장기업 주가
- 동일 회사를 새로 만든다고 할 때 필요한 자금 규모
- 최근에 비슷한 M&A 사례가 있었다면 그때 적용된 가격
- 미래의 현금 흐름에 기초해 산정한 가격

　이렇게 다양한 기준 중 어느 것이 가장 공정한 기준이 될 것인지를

상대방과 허심탄회하게 논의하는 것이 좋다. 회사를 매입하는 것과 같은 큰 협상이라면 미리 전문가의 조언을 얻고 협상에 임하는 것도 좋은 방법이다.

결론적으로 합리적 기준은 협상에 원칙을 세우는 역할을 한다. 원칙이 있는 협상이란 합리와 논리를 가지고 하는 협상을 말한다. 단순한 숫자 놀음에서 벗어나 합리와 논리를 바탕으로 협상을 이루어 내는 능력이야말로 프로 협상가의 조건이라고 할 수 있다.

8

Negotiation

합리적 논거를
협상의 지렛대로 활용하라

⚖

몸싸움에서 가장 위력을 발휘하는 것은 무엇일까? 바로 힘이다.

연애에서 가장 큰 위력을 발휘하는 것은 무엇일까? 그것은 사랑이다.

시장에서 가장 큰 위력을 발휘하는 것은 무엇일까? 재력이다.

그렇다면 협상 테이블에서 가장 큰 위력을 발휘하는 것은 무엇일까? 바로 합리적 논거다. 시장을 지배하는 매체가 돈이라면 협상을 지배하는 '통화(화폐)'는 합리적 논거다.

합리적 논거란 자신의 주장을 뒷받침하는 객관적 근거를 말하는데, 영어로는 'R&D'라고 한다.

협상은 무력으로 하는 것이 아니라 서로 마주 보고 대화로 하는 것이다. 따라서 상대방이 합리적 논거로 주장을 하면 이쪽에서 무조건 떼를 쓰거나 강압적으로 밀어붙일 수 없다. 이것이 합리적 논거의

협 상
상위 1%만
알아왔던 비기

힘이다.

협상은 데이터와
논리의 게임이다

　가격 협상을 하는데 나는 좀 더 깎고 싶다. 그런데 상대방이 제시한 가격이 시중의 제품보다 적어도 10%는 싸다면서 가격 비교표를 제시한다면 "그래도 나는 더 깎아야겠다."고 주장할 수 없다. 그러면 보나마나 상대방이 협상을 중단하고 자리를 떠날 것이기 때문이다. 그럼에도 불구하고 값을 더 깎아야 한다고 느낄 때는 "비록 당신의 제품이 시중의 제품에 비해 10%정도 싼 것은 사실이지만, 제품의 이런저런 점들 때문에 그 제품과 직접 비교하는 것이 타당하지 않다. 때문에 그 제품보다 10%가 아니라 20% 정도 가격이 낮아야 타당하다"는 등의 상대방이 납득할 수 있는 논거를 제시해야 한다. '경쟁 제품보다 브랜드 가치가 떨어진다.'거나 'A/S가 부족하다.'는 등이 제시할 수 있는 논거들이다. 이렇게 제시한 논거를 상대방이 다시 반박하지 못한다면 아마도 당신의 의견에 맞추어 양보할 수밖에 없을 것이다. 이것이 바로 논거, 즉 R&D의 힘이다.

　한마디 논거는 협상에 있어 지렛대 역할을 한다. 지렛대가 없는 사람은 적은 힘밖에 쓸 수 없다. 하지만 지렛대를, 그것도 좋은 지렛대를 많이 가지고 있는 사람은 당연히 더 큰 힘을 쓸 수 있다. 이와 마찬가지로 합리적 논거를 많이 가지고 있는 사람이 협상에서 더 큰 협상력을 발휘할 수 있는 것도 당연한 이치다. 결국 협상에 나서는 사람의 협상력은 합리적 논거를 얼마나 많이 가지고 있느냐에 달려 있다.

어떤 사람들은 협상력이 경제력이나 권력 또는 기타 세속적인 힘에 좌우된다고 생각하기도 하는데 꼭 그렇지는 않다. 정도의 차이는 있지만 아무리 힘이 센 사람도 막상 협상 테이블에 앉으면 상대방이 제시하는 합리적 논거의 힘에 제어될 수밖에 없다. 세속적인 힘은 결코 절대적인 것이 아니다. 만약 세속적인 힘이 절대적이라면 협상법을 구태여 배울 필요가 없을 것이다.

합리적 논거의 종류

그렇다면 협상장에서 가장 좋은 지렛대로 활용되는 합리적 논거에는 어떤 것들이 있을까?

협상에서 가장 유용한 합리적 논거는 말할 필요도 없이 '객관적인 데이터'다. 예를 들면 다음과 같다.

자신이 제시한 가격이 시중에서 가장 싸다는 것을 보여주는 '가격 비교표'가 있다면 설득력은 한층 높아질 수 있다. 원래 가격이 꾸준히 상승해왔다는 데이터 역시 평소보다 높은 가격을 요구하는 데 큰 도움을 줄 것이다.

연봉 협상에서라면 다른 회사가 제시하고 있는 구인 조건과 연봉 수준에 관한 데이터가 강력한 힘을 발휘할 것이다.

또 다른 합리적 논거로는 권위 또는 전문성이 따른 논거가 있다. 사람은 전문성에 약하다. 전문성에 입각한 권위, 권력에 입각한 권위를 논거로 제시할 수 있다면 강력한 힘을 발휘할 수 있다. 예를 들면 다음과 같다.

"보시다시피 한국에서 가장 권위 있는 A경제연구소와 K경제연구소의 보고서에 의하면 앞으로 3년 동안 한국의 부동산 시장은 침체할 것으로 예측됩니다. 그런 관점에서 볼 때 당신이 요구하는 가격은 미래를 지나치게 낙관적으로 보고 있는 숫자입니다. 적어도 지금 제시하는 가격에서 30% 정도는 감해야 한다고 봅니다."

"계약 종료 후 3년간 동종 업종 취업금지 조항은 한국 법원이 개인의 취업 자유를 과도하게 제한하는 것으로 무효화될 가능성이 높다는 것이 저희 변호사의 의견입니다. 한마디로 3년은 너무 깁니다."

"노벨상을 받은 A학자에 의하면 폐수 방류량이 환경에 미치는 영향은 다음과 같습니다. 우리는 그 기준을 충분히 만족시키고 있습니다."

이러한 내용을 근거로 활용한다면 상대방은 당신의 주장을 쉽게 거부하지 못할 것이다.

또 관습과 전통, 또는 내규와 같은 논거를 활용하는 것도 좋은 방법이다. 사람은 전통과 관습을 바꾸는 것이 매우 어렵다는 것을 잘 알기 때문이다. 예를 들면 다음과 같다.

"우리 회사는 지난 10년 동안 한번도 리스 기간을 5년 이상으로 한 적이 없습니다. 따라서 고객님과도 리스 기간을 5년 이상으로 하는 것은 어렵습니다.”

“우리 회사는 5년 이상 사고 없이 거래한 고객이 아닌 이상 외상 거래를 할 수 없다.’는 내규를 가지고 있습니다.”

R&D는 이렇게 협상을 유리하게 이끌 수 있는 효과적인 수단이다. 그러나 R&D를 협상 테이블에서 바로 마련할 수 있는 것은 아니고 사전에 준비해야 한다. 전쟁으로 치면 탄약과 폭약을 준비하는 것에 비유할 수 있다. 맨몸으로 싸우는 사람과 탄약과 폭약을 충분히 준비한 사람의 전투력은 엄청난 차이가 날 수밖에 없다. 결국 협상은 많이 준비하는 자가 주도권을 가지게 되어 있다.

9

Negotiation

좋은 인간관계를
협상의 토대로 삼아라

♎

상대방이 나에게 주는 것보다 내가 상대에게 더 많은 것을 주고 싶을 때는 언제인가? 여러 경우가 있겠지만 근본적으로 상대방을 좋아할 때, 즉 상대방에게 호감을 가질 때인 것만은 분명하다. 좋아하는 사람에게는 생명까지도 내주는 것이 사람이다. 반대로 싫은 사람에게는 그만큼 덜 주고 싶은 것이 인지상정이다. 때에 따라서는 덜 주는 정도가 아니라 도리어 뺏고 싶을 때도 있다.

이러한 인간관계는 협상의 결과에도 큰 영향을 미친다. 좋은 인간관계는 상대방으로 하여금 가능하면 더 많은 것을 주고 싶게 만든다. 반대로 나쁜 관계는 상대방으로 하여금 가능하면 덜 주고 싶은 마음을 가지게 만든다. 그렇다면 어떻게 해야 협상에서 좋은 인간관계를 만들 수 있을까? 어떻게 해야 상대방이 나를 좋아하게 만들 수 있을까?

인간관계에서 호감을 갖게 하는 방법이 여러가지 있으나 그 중에서 기본이 되는 한 가지는 다음과 같다.

나 자신이 되어라

정신분석학자들은 오랜 동안 사람들의 호감도에 관해 연구해왔다. 그 결과 다음과 같은 사실을 발견했다.

"사람들이 좋아하는 유형에는 여러가지가 있고, 또 개인마다 선호하는 유형이 다르다. 그러나 모든 사람이 좋아하는 보편적인 유형이 있는 것도 사실이다. 바로 꾸밈이 없는 사람이다. 이 세상에서 꾸밈이 없는 사람을 싫어하는 사람은 거의 없다. 꾸밈이 없다는 것은 자신의 감정이 느껴지는 대로 행동한다는 것을 의미한다. 이런 사람을 우리는 '소탈한 사람'이라고 한다. 이렇게 소탈해지는 것을 '자신이 된다.'라고 말할 수 있다. 반면, 꾸밈이 많은 사람은 싫어하고, 꾸밈이 많을수록 싫어하는 정도는 더 커진다."

협상 테이블에서 상대방이 나를 좋아하게 만드는 방법, 즉 좋은 인간관계를 형성하는 방법은 자기 자신이 되어 감정에 충실하게 생각하고 행동하는 것이다. 내가 '나 자신'이 되면 상대방은 편안한 마음을 갖게 되고, 상대방은 그런 나를 더 좋아하게 된다.

아마추어 협상가들은 이 평범한 진리를 자주 잊는다. 뿐만 아니라 때에 따라서는 정반대로 나가는 실수를 범하기도 한다. 자신을 꾸며

대고, 자신이 결코 '만만한 존재'가 아니라는 것을 억지로 인식시키려고 하는 것이다. 이를 위해 쓸데없이 자기 자랑을 하거나, 일부로 포커페이스를 하거나, 그럴듯한 동작을 취하기도 한다.

예를 들어 만나자마자 자기 자랑을 하는 사람들이 있다. "지난 달에 제가 사내 최우수 간부사원으로 뽑혀 표창장을 받았거든요. 이 협상을 제가 맡게 된 데는 이런 고려가 있었기 때문이죠."라고 은근히 자신을 과시하면서 상대방에게 나를 만만히 보지 말라는 메시지를 전하는 것이다.

이러한 메시지를 받은 상대방이 가만히 있을 리 있겠는가? 상대방은 "사실 이번 협상은 제게 별로 새로운 것이 아닙니다. 저는 미국에서 MBA 과정을 밟을 때 협상 과목을 많이 들었죠. 이 정도 협상은 별것 아닙니다."라는 식으로 응수할지도 모른다. 이렇게 되면 두 사람 간에 이어질 다음 대화는 보나마나 뻔하다. 서로 계속 힘겨루기를 할 가능성이 높고, 무엇보다 서로 호감을 느끼는 관계로 발전할 가능성이 없다. 매사에 자존심을 앞세우다보면 자존심이 이슈를 압도하여 걸핏하면 대립의 각을 세우게 된다.

이렇게 되는 이유는 협상이 결과를 도출하는 수단이기도 하지만 다른 한편으로는 인간관계를 형성하는 과정이라는 사실을 잊고 있기 때문이다. 좋은 인간관계는 협상의 결과를 좋은 방향으로 이끄는 데 긍정적인 영향을 미친다. 하지만 대립적인 인간관계는 끊임없이 좋지 않은 영향을 미친다.

협상이 끝나면 성공이든 실패든 협상의 결과와 함께 인간관계가 남는다. 서로를 좋아하는 관계로 남을 수도 있고, 반대로 싫어하는 관계가 될 수도 있다. 혹은 한쪽은 좋아하는데 다른 쪽은 별로 좋아하지 않을 수도 있고, 한쪽은 존경하는데 다른 쪽은 그렇지 않을 수도 있다. 장차 친구가 될 가능성이 있는 사람을 만나도 그렇게 자기 자랑으로 대화를 시작했을까? 아마 그렇지는 않을 것이다.

유능한 협상가는 카리스마가 넘치는 사람이 아니다. 책상을 치며 상대방을 위협하고 겁먹게 하는 사람도 아니다. 도리어 상대방을 편안하게 해주는 사람이다. 그리고 자기 자신의 감정에 솔직한 사람만이 상대방을 편하게 할 수 있다는 것을 아는 사람이다. 결국 자기 자신이 됨으로써 상대방과 건강한 관계를 맺으며 협상에 좋은 영향을 미치도록 한다.

그렇다면 자기 자신이 된다는 것은 구체적으로 어떤 것일까?

잘 모를 때 아는 척하는 것은 상대방으로부터 호감과 존경을 얻을 수 있는 절호의 기회를 놓치는 것이다. 모를 때 모른다고 함으로써 상대방을 무장해제시켜 건강한 인간관계의 초석을 쌓는 데 크게 기여할 것이다.

10

Negotiation

질문하라, 질문하라, 질문하라

사람들이 "협상에서 가장 중요한 기술이 무엇이냐?"고 물으면 협상전문가들은 단연코 "질문하는 기술"이라고 대답한다.

협상에 있어서 질문은 마법과도 같다. 협상을 잘 하는 사람은 질문을 잘 하는 사람이라고 해도 과언이 아니다. 왜 그렇게 질문이 중요할까? 질문은 협상을 타결시키는 윤활유 역할을 하기 때문이다.

질문으고
상대방의 욕구를 파악하라

협상이란 무엇인가? 한마디로 상대방의 욕구를 파악하여 만족시키거나 자극하는 기술이다. 그런 면에시 싱대방의 욕구를 아는 것은 모든 협상의 핵심이다. 질문은 바로 욕구를 알아낼 수 있도록 도와준다. 예를 들어 "코카콜라를 하나 달라."고 요구하는 사람에게는 다음과 같은 다양한 욕구가 있을 수 있다.

- 독특하게 톡 쏘는 코카콜라의 맛을 느끼고 싶은 욕구
- 탄산음료를 마시고 싶은 욕구
- 단순한 갈증 해소의 욕구
- 탄산 실험을 위해 콜라를 사가고 싶은 욕구

그런데 코카콜라는 없고 펩시콜라밖에 없다고 하자. 이때 그냥 "코카콜라 없는데요."라고만 하고 아무 질문도 하지 않는다면 아마 이 협상은 결렬될 것이다. 그러나 "꼭 코카콜라여야만 하나요?"하고 질문을 던진다면 아마도 첫 번째 경우를 제외한 나머지 경우라면 협상이 이루어질 수도 있을 것이다.

협상에서 가장 중요한 것은 "왜?"라는 질문이다. "왜 그것을 원하는가?"를 물어봄으로써 상대방의 요구가 아닌 욕구를 파악하여 협상을 이어갈 수 있다. 또 새로운 정보도 알아낼 수 있다. 이처럼 질문은 상대방의 입을 열게 만들어 필요한 정보를 얻을 수 있는 것이다.

협상을 해보면 별 생각 없이 던진 질문이 정말 유용한 정보를 물어다주는 경우가 가끔 있다. "요즈음 경기가 어떻습니까?", "뭐 좋은 구상 하고 계시는 것이 있으십니까?" 등의 원론적인 질문부터, "이 협상을 오래 진행하셨나요?" 같은 전략적인 질문, "언제 돌아가세

요?", "돌아가시는 비행기가 예약되어 있나요?" 같은 의례적인 물음 등 각종 질문들을 통해 상대방의 형편, 전략, 또는 상대방이 얼마나 간절하게 이 협상을 원하는지 등에 대한 단서를 얻을 수 있다. 때로는 상대편 대표의 성격까지도 파악할 수도 있다.

질문에 대해 대답을 하는 가운데 상대방은 자신의 속내나 전략을 노출할 수도 있고, 어떤 경우에는 모르는 중에 중요한 정보를 내줌으로써 생각지도 못했던 방향으로 전략을 세울 수 있게 해주기도 한다.

질문은 긍정적이고
진지한 인상을 준다

질문은 대부분의 경우 상대방에게 좋은 인상을 준다. 자신의 입장만 주장하지 않고 상대방의 입장이 어떤 것인지에 대해서도 진지하게 관심을 가지고 있다는 인상을 주기 때문이다.

협상의 당사자들이 서로 자기주장만 해서는 문제가 풀릴 리 없다. 그러면 상대방이 자신의 입장에 대해 관심을 가지지 않는다고 생각하기 쉽고, 결국 야속한 미음을 가질 수밖에 없다. 이런 야속한 마음은 미움을 낳고, 협상에 부정적인 영향을 미친다. 경우에 따라서는 협상을 망칠 수도 있다.

당 신 | 애프터서비스 기간이 3년은 되이아겠습니다.

상대방 | 3년은 너무 길어요. 받아들일 수 없습니다.

당 신 | 그렇게 안 되면 저희도 이 계약을 체결할 수 없어요.

상대방 | 그래도 3년은 불가능합니다.

당 신 | 정말 안 되겠습니까?

상대방 | 그건 도저히 안 됩니다.

이 협상은 바야흐로 교착상태로 치닫고 있다. 이때 질문을 통하여 협상의 기조를 바꿀 수 있다.

당 신 | 애프터서비스 기간이 3년은 되어야겠습니다

상대방 | 꼭 3년이어야 하는 이유라도 있나요? 3년이라는 기간은
        이쪽 업계에서는 흔치 않은 일인데요.

당 신 | 다른 업체 중에서 3년이라는 파격적인 조건을 내건 곳이
        있어서요.

상대방 | 어느 업체인지 혹시 알 수 있을까요?

당 신 | 이름을 밝히기는 좀 그렇구요.

상대방 | 제가 감히 장담합니다만 아마 다른 조건은 저희보다 못할
        겁니다. 3년 이나 애프터서비스를 해주면서 다른 조건을
        좋게 할 수는 없으니까요. 혹시 다른 조건들도 따져보셨나
        요?

당 신 | 아 그런가요? 한번 꼼꼼히 따져봐야겠군요.

상대방 | 네. 그렇게 해보시는 게 좋을 듯합니다.

이 협상을 부정적 곡선에서 긍정적이고 생산적 곡선으로 변화시킨 것은 "꼭 3년이어야 하는 이유라도 있나요?"라는 질문 하나였다. 상대방이 자기주장만 하지 않고 당신의 입장이 어떠한지, 왜 그런 입장을 취하게 되었는지에 대해 관심을 가진다고 느끼게 되면 당연히 호의적 감정이 생기게 마련이다. 그리고 그런 감정은 당신에 대한 호의적 감정을 유발해서 협상의 분위기가 우호적으로 바뀌게 된다. 따라서 적절한 질문이 반복되면 우호적인 분위기가 고조되면서 대화가 긍정적이고 생산적인 방향으로 흐른다.

질문도 잘 해야 한다

질문은 이처럼 다양하고 강력한 효능을 가진다. 그러면 질문은 어떻게 해야 할까?

질문에도 차원이 있다. 앞에서 이야기한 것과 같은 다양한 효능을 얻기 위해서는 '열린 질문'을 할 필요가 있다.

당신은 2년 단위의 재계약을 원하는데, 상대방은 기본 5년은 되어야 한다고 말한다면 어떤 질문을 할 수 있을까? "2년으로 해주시면 안 됩니까?"라는 질문이 가장 먼저 떠오를 것이다. 하지만 이것은 좋은 질문이 아니다. 상대방이 "네, 전 5년은 꼭 되어야겠습니다."라고 대답하면 질문은 거기서 끝나게 되기 때문이다. 이처럼 "Yes"나 "No"로 답할 수 있는 닫힌 질문은 오히려 상대의 생각을 고착시키는 역할을 한다. 닫힌 질문을 통해 오히려 상대방의 입장이 강화되면 협상의 분위기는 더 나빠진다.

그렇다면 열린 질문은 어떻게 하는 것일까? 그 방법은 간단하다.

질문에 "왜", "어떻게"와 같은 의문사를 붙이면 된다. "계약 기간을 왜 꼭 5년으로 하셔야 하죠?"라고 질문한다면 상대는 자신이 5년의 계약 기간을 지켜야 하는 이유를 말하게 될 것이다. 이처럼 "어떻게 해서 그 가격을 생각하셨죠?", "다른 업체와의 거래는 어떻게 하시나요?"와 같이 상대가 정보를 줄 수 있는 '열린 질문'을 해야 한다.

그리고 되도록 긍정적인 질문을 하는 것이 좋다. 열린 질문이라도 상대의 의견이나 제안을 무시하는 듯한 부정적인 질문은 피해야 한다. 예를 들어 상대가 달성하기 힘든 제한을 하는 상황을 설정해보자.

이런 경우 "지금 그 제안이 현실적이라고 생각하십니까?"와 같이 상대를 힐난하거나 부정적으로 느낄 만한 표현은 사용하지 않는 것이 좋다. 그로 인해 오히려 반감을 갖고, 자신의 의견을 더욱 고집할 가능성도 있기 때문이다. 이런 경우에 "지금 제안하신 내용이 어떤 면에서 좋다고 생각하시나요?"라고 물으면 어떨까? 상대는 당신이 자신의 의견을 경청하고 존중한다는 느낌을 받을 것이고, 자기가 왜 그 제안을 했는지 설명해줄 가능성이 높아진다. 이와 같이 상대가 말한 내용을 인정하는 태도가 필요하다.

질문이라고 해서 모두 좋은 것은 아니다. 열린 질문을 통해 상대방에게서 유용한 정보를 얻고, 긍정적인 질문을 통해 우호적 관계를 만들어 나가는 것이 중요하다. 이것이 협상에서 '좋은' 질문이 갖고 있는 힘이다.

하지만 많은 사람들이 협상장에서는 질문을 많이 하지 않는다. 협상자의 50% 정도가 협상 중 질문을 한번도 하지 않는다고 한다. 아마도 다음과 같은 3가지 이유 때문일 것이다.

첫 번째 이유는 질문을 하게 되면 상대가 자신을 얕볼 것이라고 생각하기 때문이다.

하지만 이미 살펴본 것처럼 적극적으로 질문하고 상대의 말을 잘 들으면 오히려 합리적이고 우호적인 사람이라는 인상을 심어줄 수 있다. 그리고 이를 통해 상대와 좋은 관계를 만들어 나갈 수도 있다.

두 번째 이유는 자신이 이미 상대가 원하는 것을 알고 있다고 착각하기 때문이다.

하지만 사람들의 욕구는 매우 다양하다. 그러한 요구사항에만 집착해 협상에 임하는 사람들은 협상의 기본 원리를 모르고 있는 것이다. 질문은 상대가 갖고 있는 다양한 욕구를 알게 해주고, 이를 통해 문제의 접점을 찾을 수 있다.

마지막 이유는 협상을 단순히 가격 싸움으로만 생각해서 논리의 중요성을 무시하기 때문이다.

가격 싸움만 하려고 할 거라면 질문을 할 필요가 없다. 양측이 제시한 가격의 중간에서 타결하면 되기 때문이나. 하지만 이와 같이 저차원적인 흥정이 아닌 제대로 된 협상을 하기 위해서는 논리가 필요하고, 그 논리는 질문을 통해 전개된다. 그러니까 논리적 협상을 위한 첫 단계는 질문을 많이 하는 것이다.

협상 테이블에서 할 말이 없으면 질문을 하라. 질문을 통해 협상의 가능성을 열어갈 수 있다.

협 상
상위 1%만
알아왔던 비기

11

협상계획서를 활용해
준비하고 또 준비하라

⚖

링컨은 "내게 만약 나무를 베어 쓰러뜨릴 시간으로 여덟 시간이 주어진다면, 여섯 시간을 도끼날을 가는 데 쓰겠다."라고 했다. 무슨 일이든 시작하기 전에 준비하는 것이 그만큼 중요하다는 뜻이다. 이는 협상에서도 마찬가지다. 협상은 상대방과의 커뮤니케이션 과정이기 때문에 커뮤니케이션 스킬이 좋으면 성공한다고 생각하기 쉽다. 하지만 나무를 잘 베기 위해서는 날카로운 도끼가 반드시 필요하듯, 상대와 협상을 잘하기 위해서도 철저한 준비가 필요하다.

전문 협상가들이 말하는
협상 성공의 요건

미국에서 전문 협상가들을 대상으로 협상가의 자질에 대한 재미

있는 설문조사를 했다. 협상 이슈에 대한 지식, 감정 통제 능력, 협상 경험, 판단력 등 협상에 필요한 자질들을 제시하고 그들에게 협상가가 지녀야 할 가장 중요한 자질이 무엇인지 답해달라고 했다. 그 결과 1위로 꼽힌 것이 협상에 대비한 준비였다. 다음으로 협상 이슈에 대한 지식이 2위, 경청하는 능력이 4위를 차지했다.

반면 우리나라 사람들은 경험이 가장 중요하다고 생각하는 경향이 있다. 현장에서 많은 경험을 한 사람이 어떤 상황에서든 좋은 결과를 낼 수 있으리라고 생각하기 때문이다.

하지만 놀랍게도 미국의 협상 전문가들은 우리나라 사람들이 중요하게 생각하는 협상 경험을 별로 중요하게 생각하지 않았다. 34개 항목 가운데 19위를 차지하는데 그쳤을 뿐이다. 그들은 도끼를 들고 무작정 나무를 하러 가는 것이 아니라 좋은 도끼, 날카로운 도끼를 만드는 것이 중요하다는 것을 알고 있는 것이다. 전문 협상가들일수록 협상 경험보다 철저한 준비를 중요하게 생각한다. 자신의 경험만 믿고 중요한 협상에 임하는 것은 제대로 된 무기도 갖추지 않고 싸움터로 뛰어드는 것과 마찬가지임을 기억하자.

협상 준비, 협상계획서를 활용하라

그렇다면 협상 준비는 어떻게 해야 할까? 주먹구구식 준비로는 협상을 제대로 하기도 어려울 뿐더러 효과를 높이기도 힘들다. 사실 우리나라 사람들이 협상에 약한 가장 큰 원인은 협상을 위한 준비에 체계성과 과학성이 없기 때문이다. 이 때문에 아주 중요한 순간에 협상팀 내에서 서로 다른 말이 나와 협상을 그르치는 경우도 자주 발생한다. 상대방의 양보를 얻어내기 위해 마지막까지 숨겨야만 하는 카드를 덜컥 내놓거나, 알려줘서는 안 되는 정보를 공개해버리는 등 어처구니없는 실수를 범하기도 한다.

협상에서 가장 주의해야 할 것이 팀 내부의 의견 합의를 이루지 못하는 것이다. 협상 테이블에서 상대방이 자신과 다른 의견을 내는 것은 당연하다. 하지만 정말 어처구니없는 상황은 팀 내에서 다른 의견이 나오는 것 아닐까? 그렇다면 도대체 어떻게 해야 효과적으로 협상을 준비할 수 있을까?

많은 책에서 다양한 협상 준비 방법을 제시한다. 첫 제안은 어떻게 할 것인지, 내가 지켜야 하는 마지노선은 무엇인지 등을 작성하기 위한 양식도 있고, 양보의 전략을 세우기 위한 표도 있다. 그리고 협상 진행 중에 어떻게 대응할 것인지 시간 순으로 정리하기 위한 양식을 제시하기도 한다.

하지만 이들은 각 사안 혹은 협상 진행 순서에 따른 나열식 정리에 그친다는 한계를 지니고 있다. 세계적으로 유명한 미국 뉴욕의 한 협상 스쿨에서 협상 준비를 체계적이고 과학적으로 준비하기 위한 도구를 개발하였다. 즉 '협상계획서'로 이 양식을 사용하면 누구나 편리하고 효율적으로 준비할 수 있다. 그 양식은 다음과 같다.

구분	자기 자신		협상 상대	
	R&D	내 용	내 용	R&D
아젠다				
요구				
욕구				
창조적 대안				
숨겨진 욕구				
협상의 기준				
BATNA				

이 양식에는 앞으로 설명할 협상의 10계명이 담겨 있다. 자 그럼 협상의 10계명을 위의 도표와 연관시켜 설명해 보자.

먼저 제1계명은 상대의 요구와 욕구를 구분한 항목이 있다. 만약 콜라를 원하는 사람이 있다면 그의 요구는 '콜라'이고 그의 욕구는 '갈증해서' 혹은 '톡 쏘는 탄산의 맛' 등일 것이다. 이를 구분해 작성함으로써 요구에 집착하지 말고 욕구를 공략할 계획을 세워야 한다.

다음으로 제2계명, 창조적 대안을 작성한다. 요구는 서로 대립하더라도 욕구를 만족시킬 수 있는 대안을 찾을 수 있다. 경운기로 호스가 깔린 논두렁을 지나가야 하는 사람과 호스를 이용해 논에 물을 대야 하는 사람 사이에 '지나가겠다, 지나가지 마라.'라는 충돌이 일어난다. 이때 요구에만 집착하지 않고 '밭을 갈러 가야 한다.'와 '논에 물을 대야 한다.'는 욕구에 집중하면 '호스를 땅에 묻는다.'는 창조적 대안이 만들어질 수 있고, 이를 통해 갈등은 쉽게 해결된다. 이처럼 양측의 욕구를 만족시킬 수 있는 방법이 창조적 대안이다.

다음 칸에는 제3계명, 상대의 숨겨진 욕구를 적는다. 겉으로는 '경제적 이익'을 이야기하는 사람이라도 공정함, 좋은 인간관계, 명예 등에 대한 욕구를 지니고 있을 수 있다. 협상 이슈에만 얽매이지 말고 상대방이 관심을 가질 만한 다양한 내용을 제시하면 나에게 유리한 방향으로 협상을 이끌 수 있다.

협상의 기준이라는 항목은 제5계명의 객관적 기준에 관한 내용이다. 숫자를 말하기 전에 기준에 대해 논의해 단순한 흥정을 벗어나라는 의미다. 업계의 관례, 지금까지의 전례 등이 기준이 될 수 있으며, 협상의 출발점이 되기도 한다.

가능한 배트나BATNA는 '이 협상이 깨지면 어떻게 해야 할까?'라는 부분으로, 제 7계명과 관련된 내용이다 까르푸 사례에서 보았듯이, 배트나는 주어지는 것이 아니라 만들어내는 것이다. 까르푸 사례는 뒤에서 상세히 설명하겠지만 여하튼 나의 배트나가 좋지 않을 때는 끊임없이 개선하려는 노력이 필요하다. 그리고 나의 배트나가 좋다면 상대에게 적절히 알려 힘을 키워야 하고, 이와 함께 상대의 배트나를 악화시킬 필요도 있다.

각 항목별로 작성하도록 만들어진 R&D 부분은 제 6계명의 내용이다. 협상에서 '합리적 근거'만큼 좋은 무기는 없다. 각 항목에 대해 설득력 있는 논거와 데이터를 충분히 준비해서 상대를 논리적으로 이해시켜야 한다.

이렇게 보면 10계명 중에 협상계획서에 포함되어 있지 않은 계명은 제4계명(원원 협상은 좋은 뒷맛을 남긴다)과 제8계명(좋은 인간관계를 협상의 토대로 삼아라), 그리고 제9계명(질문하라, 질문하라, 질문하라)이다. 제4계명과 제8계명은 성공적인 협상을 위한 기본 원리로서 모든 협상 상황에서 항상 적용해야 하는 기본적인 항목이기 때문에 협상계획서 양식에는 빠져 있다. 제9계명의 '질문'은 협상 전에도 다양한 내용으로 준비해야 하지만 협상이 진행되는 과정 속에서 더 많이 나올 수 있다.

이처럼 협상의 10계명을 포함하고 있는 협상계획서를 활용하면 협상의 법칙에 따라 협상을 논리적으로 진행시킬 수 있다.

협상계획서 작성의 이점

준비를 효과적으로 하기 위해 만들어진 협상계획서를 활용하면 크게 3가지 이점을 얻을 수 있다.

첫째, 협상계획서를 작성하는 과정에서 협상의 주요 요소들을 파악할 수 있다. 내가 중요하게 생각하는 이슈가 어떤 것인지 이해할 수 있고, 다양한 욕구와 대안들을 만들어낼 수 있다. 하지만 이보다 더 중요한 것은 상대를 분석해 그의 강점과 약점을 찾아낼 수 있다는 점이다. 협상계획서에 나의 입장과 함께 상대의 입장을 적는 칸이 있는 이유는 나의 상황을 파악하는 것만큼 상대를 정확하게 이해하는 것이 중요하기 때문이다. 결국 협상계획서를 통해 준비하면 상대를 효과적으로 설득할 논리를 찾아낼 수 있다.

둘째, 팀원들 간에 컨센서스를 이룰 수 있다. 비즈니스 환경이 복잡해지면서 점점 단체 협상이 비중과 중요성이 높아지고 있다. 결국 성공적인 협상을 위해서는 팀원들 간에 컨센서스를 이루는 것이 중요하다. 단체 협상을 해본 사람들은 협상에 임하는 팀원들이 전체적인 생각의 흐름과 사고를 일치시키는 것이 얼마나 중요한지 절실하게 느끼게 된다. '적은 상대가 아니라 내부에 있는 경우'가 비일비재하기 때문이다. 협상계획서라는 통일된 틀을 활용해 준비하면 팀원들이 서로 다른 이야기를 할 확률이 낮아진다.

셋째, 협상계획서를 활용하면 협상을 위한 준비를 과학적이고 체계적으로 할 수 있다. 정보가 중요하다고 해서 무작정 정보를 모으는 것은 별로 도움이 되지 않는다. 나에게 필요한 정보를 필요한 위치에서 이야기할 수 있도록 조직화하는 것이 중요하다. 따라서 NPT를 활용하면 나의 요구, 욕구, 기준, 대안 등 각각의 상황에 적합한 정보를 모으고 활용할 수 있게 된다.

12
Negotiation

'최상의 대안'을 최대한 활용하라

♎

'협상이 결렬되었을 때 대신 취할 수 있는 최상의 대안'을 협상용어로 배트나^{BATNA}라고 한다. 이를 제대로 알기 위해 예를 들어 보자.

당신이 동대문시장에서 옷을 살려고 하는데 당신이 찾는 옷이 딱한 곳밖에 없다면 당신의 협상력은 약해질 수밖에 없다. 그러나 여러 곳이 있다면 당신의 협상력은 강해질 것이다.

또 옷을 파는 가게 주인의 입장에서 자신이 파는 옷이 현재 인기 있는 유명 탤렌트가 입는 옷이라면 협상력은 강해질 것이다. 그러나 가게 그 옷이 아무도 찾지 않을 때는 협상력이 약해질 것이다.

위의 경우에서 당신이 택할 수 있는 '최상의 대안'은 당신이 찾는 옷을 파는 다른 가게다. 만약 가까운 곳에 다른 가게가 있다면 당신의 대안은 아주 좋다. 하지만 다른 가게가 30분이나 걸어야 하는 곳에 있다면 당신의 대안은 별로 좋지 않다. 만일 당신이 원하는 옷을 살 수 있는 곳이 그 가게뿐이라면 당신의 대안은 아예 없는 것이나 마찬가지다. 협상이 깨어졌을 때 자신이 취할 수 있는 최선의 대안이 배트나인 것이다.

'최상의 대안'을
개선하라

협상 테이블에서 상대방이 당신에게 얼마나 양보하느냐 하는 것은 당신이 가지고 있는 배트나에 많은 영향을 받는다. 당신의 배트나가 아주 좋으면 상대방이 많이 양보할 수밖에 없고, 나쁘면 그만큼 양보가 적어질 것이다. 따라서 당신이 가지고 있는 배트나를 개선해야만 협상에서 좋은 결과를 얻을 수 있다.

배트나를 개선하는 것이 협상에서 얼마나 중요한지를 나타내는 일화로 프랑스 할인 체인점 까르푸가 한국에서 철수하면서 벌인 협상을 들 수 있다.

까르푸는 2006년에 한국에 있는 모든 점포를 이랜드에 팔고 철수하였다. 그런데 이 과정에서 아주 좋은 값을 받고 넘겼다고 한다. 까르푸는 한국에서 망해서 철수했는데 이렇게 하여 협상 과정에서 좋은 이익을 얻고 넘길 수 있었을까? 바로 배트나를 개선했기 때문이다.

1996년에 한국에 진출한 까르푸는 10년 가까이 고전을 면치 못하다가 마침내 롯데마트와 눈밀 접촉을 통해서 협상을 했다. 그런데 회사를 팔아치울 입장에서 예상과 달리 점포를 늘리기 시작한 것이다. 그것은 실제로 점포를 늘리기 위한 것이 아니고 배트나를 좋게 만들기 위함이었다.

당시 롯데마트만 협상에 응하였고, 다른 기업들은 응하지 않았다. 까르푸는 협상 경쟁자가 많아야 협상에 유리할 수 있었다. 그래서 생각해낸 것이 점포수를 늘리는 전략이었다. 점포수를 많이 늘려 롯데마트와 합병할 경우 할인점의 1인자 이마트를 위협할 정도가 되는 것이다. 그리되면 이마트는 부득불 협상에 응하지 않을 수 없으리라고 예상한 것이다.

그렇게 해서 관심을 보이기 시작한 회사가 기존의 롯데마트에서 이마트 하나가 더해지면서 까르푸는 협상에 유리하게 되었다. 까르푸는 2005년 한 해 동안 점포수를 크게 확대함으로써 롯데마트와의 협상에서 이마트를 자신의 배트나로 개발한 것이다.

그러자 까르푸의 배트나가 된 이마트는 고전을 면치 못하고 있던 월마트를 설득하여 인수를 추진했다. 이마트가 월마트를 인수하면 롯데마트가 까르푸를 인수한다고 해도 크게 위협이 되지 않기 때문에 월마트 인수 작전은 이마트에게 아주 강력한 배트나가 되었던 것이다.

이마트가 월마트의 인수를 추진함으로써 배트나로서의 효력이 떨어지자 까르푸는 또다시 새로운 배트나로 이랜드를 협상무대로 끌어들였다. 결국 까르푸는 이랜드에 넘어갔으며, 이 과정에서 롯데마트를 배트나로 활용한 것은 물론이다.

첫째, 상대방의 배트나를 면밀히 분석한 후 문제점이 보이면 지적한다.

결국 당신이 얼마나 양보하느냐 하는 것은 상대방의 배트나가 어떠하냐에 따라 크게 좌우된다. 만약 당신이 옷가게 주인인데, 당신의 가게 부근에 같은 제품의 가게가 있어 비슷한 값으로 팔고 있다면 고객들은 상당히 좋은 배트나를 가지고 있는 반면에 당신의 협상력은 떨어질 수밖에 없다. 그러나 당신의 가게에서 파는 옷과 비슷한 옷을 파는 가게가 멀리 떨어져 있거나 당신의 가게보다 비싸게 팔고 있다면 당신의 배트나는 매우 좋은 상황이며, 따라서 협상력도 높아질 것이다.

당신이 현명한 옷가게 주인이라면 가게를 찾는 손님의 배트나가 무엇인지 조사하고 분석할 것이다. 다시 말하면 상권의 현황을 끊임없이 조사하고 분석할 것이다.

모든 협상에서 상대방의 배트나는 가장 중요한 판단 요소다. 그런데 많은 비즈니스맨들은 협상을 할 때 상대방의 배트나를 분석하는 일을 소홀히 한다.

협상에서 상대방의 배트나가 달라질 수 있다는 점도 잊지 말아야 한다. 그래야 협상에서 유리한 고지를 확보할 수 있다.

둘째, 배트나가 나쁠 때는 외부의 힘을 빌려서 협상에 임하라.

자신의 배트나가 나쁠 때는 외부의 힘을 활용해 협상력을 높일 수 있다. 다시 말해 협상장 밖에서 상대방이 궁지에 몰리도록 만들어서 협상력을 높이는 것이다.

외부의 힘에는 언론이나 정부의 힘이 있다. 자신에게는 배트나가 없지만 협상은 타결시켜야 할 때 여론이나 정부가 상대방에게 압력을 준다면 비록 자신에게는 좋은 배트나가 없을지라도 상당히 좋은 결과를 얻을 수 있다. 그 좋은 예가 1998년 홍콩 정부와 디즈니사가 테마 파크를 건설하면서 너무 많은 요구를 해서 홍콩 정부는 곤란한 처지에 놓이게 되었다. 그 때 홍콩 정부는 언론의 힘을 이용했다. 즉 디즈니사가 너무 많은 요구를 한다는 사실을 언론에 흘렸고, 여론이 홍콩 정부의 편을 들도록 만들었다. 이는 기업 이미지를 아주 중요하게 생각하는 디즈니사에게 상당한 압력으로 작용하였고, 결국 협상은 홍콩 정부에 유리하게 진행되었다.

셋째, 배트나가 나쁠 때는 배수진을 친다.

이 방법은 뒤에서 상세히 언급하겠지만, '벼랑 끝 전술'로 많이 알려져 있다. 벼랑 끝 전술이란 자신의 선택권을 스스로 제한하여 공포함으로써 상대를 자신이 원하는 방향으로 유도하는 방법이다. 이 방법은 오늘날 우리나라 노사협상에서 사측이 자주 쓰는 협상 전술로, 예를 들어 노사협상 때 이번 협상이 타결되지 않으면 회사를 폐쇄한다고 선언해 놓고 협상을 하는 것이다. 이것은 자신에게 배트나가 없다는 사실을 상대방에게 알리어 압박하는 수단으로 활용하는 것이다. 노조측이 직장폐쇄라는 극단적인 상황을 받아들일 준비가 되어있지 않다면 회사측에서 배트나가 없다는 사실을 알려줌으로써

협상을 유리하게 이끌어 가는 수단이 되는 것이다. 이런 협상 전술
로 회사측이 성공한 예는 많으나 결코 올바른 방법이라고는 할 수
없다.

Negotiation

협상 테이블에서는 상대방의 마음을
부드럽게 풀어주기 위하여 미소를 띠고
다정한 태도를 취하여 배려한다는
인상을 주도록 신경을 써야 한다.
당신이 무뚝뚝하면 상대방 역시 긴장하여
협상이 원활하게 이루어지지 않을 수도 있다.

1

협상을
성공으로 이끄는 기술

⚖

협상은 앞에서 지적한 바와 같이 CEO나 비즈니스맨들만의 전용물이 아니다. 우리가 사회생활을 하다보면 자주 부딪치게 되는 것이 협상이다. 이런 협상에는 중요한 협상도 있고, 시시한 것도 있는데 어떻게 대처하느냐에 따라 문제가 해결되기도 하고 그렇지 않기도 한다.

일상생활에서 만나는 협상에서 어떻게 지혜롭게 대처해야 손해를 보지 않게 되는지 살펴본다.

첫 만남에서 내편으로 만드는 기술

인천에 사는 현명한 씨는 서울 시내에 집을 사고 싶었다. 부동산

경기가 침체상태인 현재가 내 집 마련의 좋은 기회라고 생각한 것이다.

그는 우선 집을 둘러보니 마음에 꼭 들었다. 주위의 여건도 좋았고, 교통도 괜찮은 편이었다. 집주인은 시세에 맞춰 2억 2천500만 원을 원했다. 그러나 그로서는 2억 원 이상을 주고 살 형편이 아니었다. 그러니까 두 사람 사이에는 2천500만 원의 차이가 있었다. 돈의 액수가 커서 얼핏 협상이 불가능해 보였으나 협상을 하고자 일단 만났다.

현명한 씨는 주인을 처음 대하는 순간 그의 중후한 모습에 어쩌면 협상이 잘될 수 있을 것이라는 기대를 갖게 되었다. 그가 졸부로 보이지 않았고, 작은 돈에 구애를 받을 소인으로 보이지 않았기 때문이었다.

한편 주인도 현명한 씨를 보는 순간 우선 사람이 마음에 들었다. 요사이 젊은이들처럼 약게 보이지 않고 상식을 갖춘 사람으로 느껴졌다. 그래서 두 사람 모두 협상의 성공 가능성에 무게를 두고 있었다. 첫인상이 협상을 가능케 해준 것이다.

첫 번째 만남에서는 두 사람 모두 상대의 의견을 타진하는 것으로 끝났다. 그런데 현명한 씨는 아무리해도 2억 원 이상의 돈을 마련할 길이 없었다. 그래서 두 번째 만났을 때 솔직하게 말했다.

"사장님, 처음 뵈었을 때 좋은 분을 만났다고 생각했습니다. 그리고 집의 구조나 주위 환경도 마음에 듭니다. 그런데 솔직히 말씀 드리면 저로서는 2억 원 이상의 돈을 마련할 길이 없습니다. 사정이 그러하니 사장님께서 양보하셔서 깎아 주실 수 없을까요?"

"글쎄요…"

현명한 씨가 다시 말했다.

"만약 그 돈으로 해주시면 부동산 중개료는 전부 제가 물겠습니다."

그러자 집주인이 웃으며 말했다.

"좋습니다. 그렇게 하지요. 보아하니 예의 바르고 교양이 있어 보이는데, 이렇게 만나는 것도 인연이니 내가 좀 손해를 보지요."

그렇게 하여 계약이 체결되었다.

첫 인상이 협상에 중요한 영향을 준 좋은 예다.

인간적인 유대감은 주로 첫인상에서 이루어진다. 첫 인상은 한 순간에 정해진다.

첫 만남에서
절대로 해서는 안 될 행동

사람은 누구나 처음 만나는 사람에게 좋은 인상을 주고 싶어 한다. 그런데 본인의 의지와는 달리 좋지 못한 인상을 줄 수도 있다. 그 이유는 여러 가지가 있겠으나 다음과 같은 몇 가지로 요약할 수 있다.

협 상
상위 1%만
알아왔던 비기

첫째, 당신이 전혀 깨닫지 못하는 경우다.

둘째, 어렴풋하게 눈치는 챘지만 당신으로서는 어쩔 수가 없는 경우다.

협상에서는 특히 다음과 같은 자세가 상대에게 좋지 못한 인상을 주므로 조심해야 한다. 이런 태도는 위에서 지적했듯이 전혀 깨닫지 못하고 무의식적으로 하는 행동이지만 반면에 조금만 주의하면 고칠 수 있는 것들이다.

첫째, 무뚝뚝한 태도다.

천성적으로 마음이 부드럽지 못하고 무뚝뚝한 사람이 있다. 이런 사람들은 자신이 무뚝뚝하다는 것을 알고 있다. 때문에 기업에서 협상 테이블에 나서지 않는다.

천성적으로는 무뚝뚝하지 않지만 협상 테이블에 앉으면 긴장하여 자신도 모르게 딱딱해지기도 한다. 그래서 상대로 하여금 그런 인상을 받게 한다.

협상 테이블에서는 상대방의 마음을 부드럽게 풀어주도록 미소를 띠고 다정한 태도를 취하여 배려한다는 인상을 주도록 신경을 써야 한다.

협상에서의 태도가 그렇게 중요하냐고 반문하는 독자도 있겠으나 당신이 무뚝뚝하면 상대방 역시 긴장하여 협상이 원활하게 이루어지지 않을 수도 있다.

두 번째는 거만한 태도다.

협상에서 거만한 태도를 취한 유명한 예는 예전의 남북대화였다. 그때 우리 측 대표들이 항상 거만한 태도로 일관하여 협상이 여러 번 깨졌던 것은 잘 알려지지 않은 사실이다.

잘난 체 위세를 부리는 것도 거만한 태도의 하나다. 특히 대기업의 협상 담당자들이 중소기업이나 하청업체와 협상할 때 거의가 위세를 부린다. 자신이 속한 기업의 힘을 믿고 거만한 태도를 취하는 것이다. 그런데 그런 사람은 얼마가지 않아 교체되고 만다. 거만한 태도는 좋은 결과를 가져올 수 없기 때문이다.

세 번째, 지나치게 친절하면 비굴함으로 오해를 받을 수도 있다.

기업에서 베테랑이라고 불리는 영업사원들이 종종 이런 태도를 취한다. 이들은 수많은 협상을 이끈 백전노장답게 고객들이 자기 손 안에 있다는 사고방식으로 사람들을 대한다. 그러나 첫 만남에서 지나치게 친절한 태도를 취하는 것은 좋지 않다. 경우에 따라서 상대는 무시당하는 느낌을 받거나 속으로 다른 뜻을 감추고 있는 게 아닌가 하는 경계심을 갖게 한다. 예의를 갖추는 것은 당연하지만 지나치면 비굴하다는 오해를 받을 수도 있어 마이너스가 된다.

네 번째는 형식적인 태도로 일관하는 무성의다.

입으로는 '만나서 반갑습니다.'라고 말하면서 표정은 무뚝뚝하고 목소리에는 진심이 담겨 있지 않다. 대화 중에도 상대를 바라보지 않고 눈을 다른 곳으로 돌린다. 표정 또한 반갑지 않다거나 마지못 해 나왔다는 느낌이다. 그 결과 상대는 무시당한다는 느낌을 들어서 협상에서 공격적인 태도로 나올 수 있다.

첫 만남이기 때문에 더욱더 중요하다는 인상을 주어야 협상이 원 만하게 잘 풀려나갈 수 있다.

마지막으로 침착하지 못한 태도다.

침착하지 못한 사람은 첫 만남에서 힐끔힐끔 주위를 살핀다든지 안절부절못하는 태도를 취한다. 이런 태도는 자신감의 결여에서 비 롯되는 현상으로 상대에게 이미 마음으로 지고 있다는 것을 의미한다.

침착하지 못하면 집중력이 떨어지고 한 가지 일에 몰두할 수 없 다. 따라서 협상 전에 자신의 목표를 세우고 마음속으로 목표에 집 중하면 극복할 수 있다.

그렇다면 첫 만남에서 상대에게 좋은 인상을 주는 태도는 어떠해 야 할까?

좋은 첫인상을 주기 위해서 고려해야 할 사항

첫째, 밝은 표정을 지어라.

누구나 처음 만날 때는 긴장하기 마련이다. 이제부터 만나는 사람이 어떤 사람인지 알 수 없기 때문이다. 처음 만나는 순간 밝은 표정을 지으면 상대는 안심하여 경계심을 풀고 친밀감을 갖게 된다. 반대로 어두운 표정이나 무뚝뚝한 표정을 지으면 상대는 더욱 긴장하게 되고 헤어질 때까지 경계심을 늦추지 않는다.

둘째, 진정성 있는 태도를 취하라.

진정성 있는 태도란 거짓이 없고, 아무 것도 숨기지 않고 솔직하게 대하는 태도를 말한다.

자신을 있는 그대로 보여주는 데에도 용기가 필요하다. 왜냐하면 자신의 약점을 보이기 싫어하는 자존심을 극복해야 하기 때문이다.

진솔한 태도로 상대를 대하고, 진정성 있게 임하면 상대도 역시 진솔하게, 진정성을 가지고 임할 것이다.

세 번째는 안정적인 태도다.

앞 장에서 침착하지 못한 태도는 마이너스가 된다는 것을 말했지만, 첫 만남에서는 누구나 긴장을 하게 되어 자신을 잃고 안절부절 못하는 태도를 취하기 쉽다. 그러나 두 다리에 힘을 주어 바닥을 딛고 일어서서 상대의 눈을 바라보면서 허리를 꼿꼿하게 세우면 침착한 사람이라는 인상을 줄 수 있다.

침착한 태도로 따뜻하고 부드럽게 상대를 바라보면 상대는 당신을 신뢰할 수 있는 사람이라는 느낌을 갖게 되어 당신의 말에 귀를 기울이게 된다.

  이상에서는 첫 만남에서 좋은 인상을 주기 위해서는 금기사항과
바람직한 태도가 어떤 것인지 알아보았다.
  이제 첫 만남에서 갑의 위치에 설 수 있는 방법을 생각해보자.

2

Negotiation

첫 만남에서
기선을 잡는 비결

⚖

첫 만남에서 기선을 잡는다는 것은 보다 유리한 위치를 먼저 선점한다는 것을 의미한다. 그러기 위해서는 먼저 선수를 쳐야 한다.

먼저
선수를 쳐라

현명숙 씨는 지난 어느 무더운 여름 날 자동차를 몰고 가다가 정지선에 두 번째로 차를 세우고 신호등이 바뀌기기를 기다리고 있었다. 그런데 발에 땀이 나서 신고 있던 힐을 장거리여행 때 신는 샌들로 바꾸려고 브레이크를 밟고 있던 발을 떼는 순간 차가 스르르 밀려나가 앞에서 기다리고 있던 승용차를 들이받았다. 아차했으나 때는 이미 늦었다. 앞차의 문이 열리는 것을 본 현명숙 씨 먼저 내려 진심 어린 표정으로 사과를 했다.

"죄송합니다. 제가 실수를 했습니다."

그러자 조폭의 두목처럼 우락부락한 30대 남자가 험악한 표정으로 말했다.

"뭐야! 운전을 똑바로 하지 않고···"

"정말 죄송합니다. 차에 이상이 있으면 변상해드리겠습니다."

한번 더 침착하면서도 교양 있게 말하자 화가 나 있던 그의 표정이 조금 바뀌었다. 그리고는 자기 자동차 뒤를 이리저리 살피더니 크게 손상된 것이 없자 말했다.

"혹시 모르니까 운전면허증 좀 봅시다."

그래서 보여주자 전화번호와 주소를 적더니 이상이 있으면 연락하겠다며 선선히 떠나는 것이었다. 그때 그녀가 먼저 사과를 하지 않았다면 문제가 달라져 그 남자는 난폭한 행동을 했을지도 모른다.

선수를 쳐서 한마디 던지는 말은 불리한 상황을 전환시킬 수 있는 큰 힘을 가지고 있다.

그러나 그렇게 선수를 치는 것은 말처럼 쉽지가 않다. 겁이 나고 두렵기 때문에 기회를 놓치고 쉬워 후수를 두게 되는 셈이다. 후수로 밀려나면 그만큼 불리하고, 심리적 부담까지 안게 된다.

선수를 치고 들어가는 것은 어려운 협상일수록 효과가 있다.

상대를 압도하는 방법

첫 만남에서 상대를 압도하기 위해서는 다음의 세 가지를 지켜야 한다.

첫째, 밝은 목소리로 첫마디를 한다.

만약 당신이 세일즈맨일 경우 고객을 처음 만났을 때 팔아야 하겠다는 생각부터 하게 되면 여유가 없어진다. 그러면 밝은 모습을 보이지 못하고 초조한 기색을 역력하게 드러내게 된다.

첫마디를 밝게 낼 수 있는 여유를 갖기 위해서는 항상 즐거운 마음으로 밝게 웃는 습관이 필요하다. 그러면 여유가 생기고 대화를 유쾌하게 이끌 수 있다.

둘째, 상대방에 대해서 많은 정보를 파악한다.

협상에 임하기 앞서 상대에 대해서 많이 알아두면 그만큼 유리하다. 특히 관심사나 문제점 등을 파악해 둔다. 그런 정보가 없으면 자신감이 떨어져 불안해진다.

외제차 판매회사의 한 세일즈맨이 일본 자동차를 팔기 위하여 모 대학 총장을 방문했다. 그는 그 분에 대해서 아는 것이 별로 없었다.

그가 방문했을 때 총장은 휴게실에서 미니골프 연습을 하고 있었다. 세일즈맨은 그 분이 골프를 좋아한다는 것은 알고 있었지만 그의 선친이 독립운동가였음은 모르고 있었다.

"골프를 좋아하신다는 얘기를 들었습니다. 골프채는 아직 일제가 좋지요?"

그러자 총장의 얼굴빛이 변했다. 일본을 미화시키는 듯한 태도에 불쾌감을 느꼈던 것이다. 당황한 세일즈맨은 화제를 돌리려고 했지만 이미 늦었다. 결과는 몇 마디 나누어보지도 못하고 쫓겨나오다시피 물러나는 것으로 끝났다. 상대에 대한 미숙한 정보로 협상에서 실패한 것이다.

요즈음은 상대방이 공개한 정보라면 컴퓨터를 통해서 얼마든지 입수할 수 있다. 문제는 의지와 노력이다.

셋째, 상대방의 관심사를 공략한다.

만약 당신이 얼마 전에 새 자동차를 뽑았는데 동료가 자동차에 대해서 말을 걸면 청산유수처럼 설명을 잘할 것이다. 마찬가지 처음 만나는 상황에서 상대가 관심을 가지고 있는 분야를 말하면 대화가 막힘없이 시작되어 협상이 뜻대로 풀릴 것이다. 상대방의 관심사를 파악하는 것은 그만큼 중요하다.

3
Negotiation

첫 만남에서 부딪치는
장애를 없애는 비결

협상을 위해서 누구와 처음 만날 때는 그가 누구이든지간에 장벽이 있을 것이다. 특히 우리나라 사람들은 거의가 처음 만나는 사람에 대해서 경계심을 가지고 대한다. 때문에 처음 만났을 때는 '노우'라고 하는 경우가 많다. 이런 장애를 극복하기 위해서는 어떻게 해야 할까?

'노우'를
돌파하는 방법

협상을 하기 위해서는 일단 만나야 한다. 만나주지 않으면 협상이 성립되지 않는다. 그렇다고 당신이 원한다고 하여 모든 사람이 협상에 응해주는 것도 아니다. 따라서 우선 상대가 만나기를 거절하는 장벽을 돌파해야 한다.

당신이 만나고 싶은 상대에게 전화를 걸었다.

"미안합니다. 지금은 바빠서 만날 수가 없습니다."

"그럼 언제쯤 시간을 내실 수 있겠습니까?"

"당분간은 어려운데요."

이렇게 도저히 들어갈 틈이 보이지 않는다. 그래서 직접 방문이라는 방법을 선택하고 그의 사무실을 찾아갔다. 그런데 경비가 묻는다.

"약속하셨습니까?"

"아니요."

"미리 선약이 없으신 분은 만날 수가 없습니다."

보기 좋게 거절당한다. 이런 일은 비일비재하다. 조그마한 중소기업에도 모두 경비가 있어서 불필요한 잡상인이나 외래방문자들은 출입을 하지 못하게 막는다. 이런 장벽을 돌파하는 방법은 없을까?

'노우'를 두려워해서는 안 된다. 그것은 언제, 어디서나 있기 마련이다. 그러므로 좌절해서는 안 된다.

약속이 없어 만날 수 없다고 하면 "좋습니다. 이해합니다. 그러면 다음에 만날 수 있도록 약속하게 해주십시오."라고 끈기 있게 매달려야 한다.

그밖에 첫 만남에서 '노우'를 돌파하는 방법으로 다음과 같은 것들이 있다.

첫째, 기가 죽지 않는다.

협상을 하기 위해서 누구를 만나야 하는데 미리 '노우'를 예상하면 기가 죽고 의욕이 상실된다. 그러므로 일단 협상에 자신이 있다는 믿음을 가지고 만나야 한다. 협상은 서로를 위하는 일이니 무조건 부딪쳐 보는 것이 좋다.

둘째, 좋은 인상을 준다.

앞에서 지적했지만 첫 만남에서 좋은 인상을 주어야 한다. 상대방이 '노우'라 할 때는 실망하지 말고 정중하게 예의를 갖추어 재도전을 한다. 그러면 상대방의 얼어붙었던 마음도 풀릴 확률이 높다.

마지막 방법으로 상대방에 대한 이야기를 화제로 삼는다.

예를 들어서 사무실이 지하철역 부근에 있다고 하자,

"지하철역에서 사무실까지 오는데 딱 1분 걸렸습니다."라는 식으로 상대방이 관심을 가질 만한 내용으로 대화를 시작하는 것이다.

일찍 도착하여 기회를 잡는다

상대방의 거부감을 해소시켜 협상을 풀어나가려면 약속시간보다 10분 전쯤 미리 도착하여 상대방을 살펴보는 것이 기본 자세다. 또 상대방의 사무실을 방문하여 협상을 해야 할 때는 상대방의 홈그라운드에서 겨루는 것과 같아 여러 가지 불리한 점이 많다. 우선 상대방은 주위에 동료직원들이나 상사가 있기 때문에 '노우'를 하기가 쉬워진다. 따라서 일찍 도착하여 주위와 동향을 익혀두는 것이 필수적이다.

상대방의 회사에 가게 되면 협상 당사자 외에도 주위의 많은 사람들이 당신을 주시한다. 또 허겁지겁 달려가다가 상대방의 부하나 상사를 만날 수도 있어 본의 아니게 실수를 할 수도 있다. 그렇게 되면 협상은 점점 힘들어진다. 협상 장소에 일찍 도착하면 상대방이 당신을 괴롭히는 것이 아니라 당신이 상대방을 관찰하는 입장에 서게 된다.

한 자동차 판매사원이 증권회사 과장과 가까스로 만날 약속을 얻어 방문하였다. 그래서 약속시간보다 10분 일찍 도착하였다. 그 때 과장은 외출에서 아직 돌아오지 않아 기다리고 있는데, 겨울철이라 창 너머로 군고구마장수가 보였다. 그래서 안내해준 여사원에게 말을 걸었다.

"저기 저 군고구마장수가 그러는데 여기 여직원 한 분이 군고구마를 자주 사간다고 하던데… 니도 군고구마를 아주 좋아합니다."

"어머, 내 얘기를 한 것 같네요."

그렇게 대화가 시작되어 그 과장이 낚시광이라는 사실을 알아내었다. 10분 후에 과장이 나타나자 그의 방으로 따라 들어간 그가 먼저 말문을 열었다.

"과장님, 낚시하러 다니시느라 얼굴이 많이 그을리셨군요."

"그걸 어떻게 알았지요? 낚시 좋아하세요?"

그렇게 자연스럽게 시작한 대화로 마음을 열어 그날의 협상을 성공시켰다. 일찍 방문한 덕분이었다.

상대방을 감동시켜라

상대방이 '노우'하려는 심리를 풀어 협상을 진행시키는 일은 쉬운일이 아니다. 그렇다고 먼저 긴장하거나 경직되면 더욱 힘들어진다. 따라서 긴장을 풀어 마음의 여유를 가지고 당신의 마음을 숨김없이 그대로 보여주어야 한다.

건축회사에 다니는 필자의 후배 한 사람이 자신이 맡은 재개발지역 주민들의 반대를 물리치고 일을 성사시킨 이야기다.

그 후배는 지역주민들이 부근에 있는 초등학교 강당에 모여서 재개발에 대한 찬반토론을 벌이고 있다는 소식을 듣고 달려갔다. 달려가면서도 그 자리에서 무슨 말을 해야 주민들의 동의를 얻어낼 수 있을지 궁리했으나 어떤 아이디어도 떠오르지 않았다. 강당에 들어서자 주민들 수백 명의 시선이 자신에게 집중됐다. 그렇게 많은 군중 앞에 서보기는 처음이라 다리가 후들후들 떨렸다. 주민들 가운데는 재개발을 찬성하는 주민도 있었으나 반대하는 주민들이 더 많았다. 그들은 자신의 거주지가 없어진다는 공포와 두려움이 가득 찬 눈으로 노려보고 있었다. 겁이 났으나 그렇다고 포기할 수는 없었다.

강단에 올라선 그는 먼저 긴 한숨부터 내리쉬었다. 그러자 웃는 소리가 들렸다. 재개발을 반대하던 주민들의 어깨 힘이 빠지는 모습이 보이는 듯했다. 거기에 힘을 얻은 그는 입을 열었다.

"저는 지금 솔직히 제 정신이 아닙니다. 혼이 나간 상태라 무슨 말부터 해야 할지 모르겠습니다."

주민들이 웃는 소리가 이곳저곳에서 들려왔다.

후배는 자신의 솔직한 심정을 가감 없이 그대로 말했다. 그것이 주민들의 마음을 움직였다. 그래서 얼음장 같았던 마음을 열고 후배가 하는 말을 듣기 시작했다.

주민들은 사실 재개발의 필요성을 느끼고 있었으나 재개발위원회의 일방적인 결정에 대한 불만과 장래의 확실한 대책에 대해서 납득할 만큼 설명을 해주지 않았기 때문에 반대하였던 것이다.

그 후배는 주민들의 마음이 풀어져 반대의 무장이 해제된 것을 알고 재개발에 대한 필요성과 그곳에 오래 거주했던 주민들에 대한 대책 등에 대해서 상세하게 설명하였다. 그러자 그때까지 재개발위원회에 대해서 방어진을 단단하게 구축하고 있던 반대파 주민들은 후배의 솔직한 태도와 자기들의 입장을 이해해주는 배려에 감동을 받아 마침내 80% 이상이 찬성을 보내주었다.

협상에서 거부감을 없애는 데에는 상대로 하여금 감동을 느끼게 하는 것이 최고의 방법임을 알게 하는 예다.

4

Negotiation

언어 외적인 것에도
최선을 다하라

⚖

협상의 첫 만남에서는 언어 외적인 것도 많은 영향을 준다. 첫 번째는 좋은 인상을 주는 것이고, 다음으로는 옷차림을 들 수 있다.

좋은 인상을 주는 요소를 요약하면 '느낌이 좋고 호감이 가는 인상'이다. 이런 인상을 주도록 노력해야 한다.

옷차림도
협상 전략의 일부분이다

"협상에서 성공하려면 옷을 잘 입고 다녀야 한다."

구조조정으로 회사에서 쫓겨나 세일즈맨으로 사회생활을 다시 시작, 마침내 IT방면에서 크게 성공한 사람이 그 비결을 묻자 대답한 말이다. 이 말은 비싼 옷을 입고 다니라는 말이 아니라 겉모습을 최대한 단정하게 가꿔야 한다는 뜻이다.

외모를 가꾸려고 노력하는 사람들은 일반적으로 신용도가 높다. 옷차림도 훌륭한 자기표현인 것이다.

사무실에 많은 세일즈맨이나 고객들이 방문한다. 그런데 대부분 자신의 목적을 달성하고 가는 사람들은 거의가 옷차림이 반듯하다. 외모가 협상에 많은 영향을 준다는 사실을 입증하는 예다.

반듯한 자세를 취한다

반듯한 자세를 갖추기 위해서 점검해야 할 사항은 다음과 같다.

1. 양쪽 다리에 똑같은 체중을 싣는다.
몸을 앞뒤나 좌우로 흔들지 말고 양쪽 다리에 체중을 실어 단정하게 서있는 것을 말한다.

2. 양손을 옆으로 바르게 붙인다.
그러기 위해서 가방과 짐 등은 바닥에 내려놓는다.

3. 무릎에 힘을 준다.
강인한 사람이라는 느낌을 준다.

4. 어깨의 힘을 뺀다.

자연스럽고 편안한 사람이라는 인상을 준다.

5. 상대방의 눈을 부드럽게 응시한다.

시선은 상대방을 향하는 것이 원칙이며, 두리번거리거나 주위를 살피는 모습은 침착하지 못하다는 인상을 준다.

6. 턱은 약간 안쪽으로 당긴다.

턱이 나오면 그만큼 시선이 높아져서 친밀감을 갖기 어려운 인상을 준다.

7. 자신의 체격과 몸의 특성을 살려 상대에게 호감을 줄 수 있도록 연출한다.

예를 들어서 키가 큰 사람은 반보 정도 떨어져서 상대방을 맞이하는 등 호감을 갖는 태도를 취한다.

외모는 그 사람의 인격을 말해준다. 때문에 외모로 그 사람을 판단하는 것이다.

온몸으로
표현한다

사람의 기분이나 마음은 말보다 언어 외적인 행동으로 나타나는 경우가 많다. 따라서 협상을 할 때 그 사람의 말보다 언어 외적인 것을 파악하는 것도 중요하다.

말하는 입장에서는 말을 할 때 언어 외적인 요소를 잘 활용하면 더 많은 효과를 기대할 수 있다. 오늘날에는 문자로 메시지를 많이 전달하기도 하는데 이 경우에는 글 외에 어떤 요소도 영향을 주지 못한다.

어느 회사에서나 동료들이나 상사로부터 호감을 얻는 사원이 있다. 특별히 말을 잘하는 것도 아니고, 그렇다고 호남으로 생기거나 미인도 아닌데 말이다. 그들의 공통점은 업무적 지시나 어떤 부탁을 받으면 "네, 알겠습니다."라고 간단하게 대답하지만, 말하는 목소리에는 정감이 있고, 태도에는 진정성이 들어 있다. 그리하여 부탁하는 것을 잘 해주겠구나 하는 믿음을 준다. 이런 일이 되풀이 되면서 그의 인기는 높아가고 좋은 평판을 얻게 되는 것이다.

언어 외적인 표현이 얼마나 강력한지를 잘 나타내는 말로 미국의 한 대학교 교수는 이렇게 말했다.

"입을 통해 나오는 메시지와 비언어적 방법으로 나타내는 메시지가 다를 경우 사람들은 비언어쪽을 믿는다."

협상이나 세일즈를 하는 사람은 물론 사회생활을 하는 우리 모두가 기억해야 할 명언이다.

Negotiation

Part 8
협상에서
글로벌 비즈니스맨이
저지르기 쉬운 오류

협상 경험이 많다고 반드시
훌륭한 협상가가 되는 것은 아니다.
아무리 경험이 많은 비즈니스맨이라 해도
그들이 경험하지 못한 새로운 협상 상황에
직면하면 속수무책인 것이다.

1

Negotiation

협상 경험이 많으면
자만하기 쉽다

⚖

비즈니스맨이 협상에서 빠지기 쉬운 오류로는 다음과 같은 것들이 있다.

"나는 협상에 자신이 있다. 20년 동안 대기업 영업부에서 일하면서 중소 납품업체들과 수많은 협상을 했다."

"나는 협상에 관해서라면 전문가다. 미국 하버드 대학에서 세계적인 전문협상가들로부터 배웠다."

과연 이들이 자부하는 대로 진짜 유능한 협상가일까? 결코 그렇지 않다. 이 두 사람은 모두 비즈니스맨들이 저지르기 쉬운 오류에 빠져 있다.

협상 경험이 많다고 반드시 훌륭한 협상가가 되는 것은 아니다. 아무리 경험이 많은 비즈니스맨이라 해도 그들이 경험하지 못한 새로운 협상 상황에 직면하면 속수무책인 것이다. 따라서 대기업 영업

협 상
상위 1%만
알아왔던 비기

부에서 중소납품업체들과 협상을 했다는 것은 대기업의 직원이라는 월등한 우위를 바탕으로 협상을 해왔다는 것을 의미한다. 이들에게 거꾸로 협상력이 뛰어난 월마트를 상대로 자사 제품을 납품하는 협상을 해보라고 하면 당황할 것이다. 자신의 위치보다 강한 위치에 있는 사람들과 협상을 해본 경험이 없기 때문이다.

또 미국 하버드 대학에서 협상 전문교수로부터 협상에 대해서 공부했다고 하지만 그들 역시 배우지 못한 많은 협상이 전개되면 헤매기 십상이다. 때문에 비즈니스맨이 유능한 협상가가 되기 위해서는 이 같은 오류에 빠지지 않고 자신의 능력과 한계를 정확히 알 필요가 있다.

2

문화적 색맹은
유능한 협상가가 될 수 없다

⚖

미국 비즈니스맨들은 상대방의 협상문화를 이해하는 데에 낙제점이다. 미국의 저명한 협상 전문 스쿨에서 여러나라 비지니스맨의 협상력을 평가한 보도가 있다. 이 자료에 의하면 영어 이외의 다른 외국어 능력은 F학점이고, 다른 문화를 이해하는 데에는 D학점이며, 현지 문화에 순응한 협상진행 능력에는 D라는 한심한 점수를 받았다. 반면에 개인의 자질과 청렴도는 A, 성취동기는 B학점을 받았다. 다시 말하면 미국 비즈니스맨들은 비즈니스맨으로서는 훌륭한 자질을 갖추고 있고, 성취도는 높지만, 남의 문화를 이해하는 데에는 형편없다는 말이다. 이 같은 미국 협상가의 문화적 색맹은 오늘 날 미국이 세계 최강, 최고의 국가라는 우월성에서 나온다.

한국 비즈니스맨들도 문화적 색맹에서 자유로울 수 없다. 특히 동남아시아나 중남미에서 협상을 하는 경우, 현지 문화를 거의 백안시하고 거의 한국식으로 밀어붙이다가 봉변을 당한다. 이러한 문화적 색맹은 우리나라보다 못사는 나라와 협상을 할 때 더욱 두드러진다.

그 예로 순수한 베트남 사람들과 협상을 할 때는 일단 그들을 깔보고 우월한 입장에 서서 짓누르듯이 하면서 시작하려고 한다. 그러나 베트남은 한국과 마찬가지로 중국문화에 편입되지 않고 수천 년에 이르는 독자적인 문화를 가진 민족이다. 더욱이 지난 세기에 세계 최강국인 프랑스와 미국을 연달아 물리쳤다는 자부심이 대단한 나라이다. 이런 사실을 명심하고 협상에 응해야 한다.

3

한번 시작한 협상은
성사시켜야 한다는 사고방식

⚖

김 모 팀장은 소니와 디지털 카메라 사업 인수 협상을 하러 일본으로 떠날 예정이었다. 출장을 앞두고 보고를 하러 사장실에 들렀다.

"김 팀장, 소니와의 디지털 사업 인수협상이 우리 회사에 얼마나 중요한지 잘 알지? 내가 이미 이사회에 올해 핵심사업으로 보고했네. 그러니 무슨 일이 있어도 이번 협상을 꼭 성사시켜야 하네. 마침 다음 달에 이사자리가 하나 비는데, 이번 일만 잘 되면 자네에게 좋은 소식이 갈지 모르겠어."

협상을 떠나는 김 팀장에게 CEO로서 해서는 안 될 말을 한 것이다. 그런데 이런 언행은 우리나라 CEO들이 가장 잘 범하는 오류 중의 하나이다. 협상을 하러 떠나는 팀장에게 CEO가 이런 식으로 말하면 백퍼센트 협상에서 실패하기 마련이다. 왜냐하면 어떻게 해서든지 협상을 성사시키려고 하게 되고, 그러다보면 반드시 회사에서 손해가 되는 협상을 하기 마련이다.

협상비용을
미련 없이 결손처리한다

사실 국경을 넘는 M&A나 전략적인 제휴 같은 협상은 이슈도 다양할 뿐만 아니라 상황도 시간에 따라 수시로 변한다. 따라서 나름대로 계획을 가지고 협상에 응했더라도 현지에서 협상을 하다보면 '아, 이게 아니구나.' 하는 판단이 설 수도 있다. 예를 들어서 저음 기대와는 달리 소니의 디지털 카메라 기술이 별볼일 없다든지, 또는 기술인들이 다른 회사로 옮겼을 수도 있는 것이다. 그러면 협상자가 스스로 판단하여 협상 테이블에서 손을 털고 나올 수 있는 것이며, 이것이 회사를 위해 바람직한 행동일 것이다. 그러나 꼭 성사시켜야 하다는 중압에 눌리다보면 그냥 협상을 밀어붙이게 된다. 이 경우 백 중 구십은 회사가 손해를 보게 된다.

그러면 CEO가 이런 오류를 범하지 않기 위해서는 어떻게 해야 할까?

세계적인 협상전문가인 하인츠에 따르면 이런 경우 CEO는 협상 실패를 결손처리해야 한다고 한다. 즉 협상을 중단하는 것이 회사에 이익이 된다고 판단된다면 그 간에 들인 비용을 미련 없이 내몰 비용으로 던져 버리고 협상 팀들에게 협상 테이블에서 나오노록 해야 한다는 것이다.

　미국의 CEO들은 협상을 하러 떠나는 팀에게 이렇게 묻는다고 한다.

　"이번 협상이 결렬되면 어떻게 하겠다는 대안이 있는가?"

　이것은 부하들에게 협상탈출을 허용한다는 말이다.

4

Negotiation

상대를 후려쳐야
내 몫이 커진다는 사고방식

♎

비즈니스 세계에서는 두 가지 협상이 있다. 하나는 '피자 갈라 먹기'이고, 또 하나는 '피자 굽기'다.

피자 굽기식 협상은 마치 피자를 구워 서로 큰 조각을 나누어 먹듯이 서로 협력하여 큰 성과를 얻는 윈윈 게임이다. 전략적 제휴나 합작 투자 협상이 여기에 속한다.

'피자 갈라 먹기식' 협상은 이와는 반대로 상대를 후려쳐야만 자신에게 돌아오는 몫이 커지는 일종의 제로게임이다. 가격협상이 가장 좋은 예이다. 그런데 문제는 협상을 잘해서 윈윈 게임을 할 수 있는데도 상대를 후려쳐야만 한다는 제로섬 편견에 빠질 수 있다는 것이다.

예를 들면 회사에서 정보화 시대에 맞춰 근로자들에게 IT교육을 한다고 하자. 이 때 교육대상인 근로자와 경영자가 마음속으로 생각하는 협상 이익과 겉으로 내세우는 협상 태도에는 다음과 같은 차이가 있다.

● 근로자와 경영자가 마음속으로 생각하는 실제 협상 이익

근로자는 교육이 자신들의 고용보장에 도움이 된다고 생각한다.

경영자는 근로자에 대한 교육이 생상성 향상에 도움이 된다고 생각한다.

● 제로섬 게임의 편견에 사로잡힌 양 당사자의 협상 태도

근로자는 자신들이 먼저 교육을 요청하면 업무 공백 때문에 회사가 받아들이지 않을 것이라고 생각한다.

경영자는 회사가 먼저 교육을 제안하면 근로자들은 자신들이 해고대상이라고 여겨 반발할 것이라고 생각한다.

위의 경우에 실제로는 경영자와 근로자의 협상 이익이 같다. 그럼에도 불구하고 양 당사자가 제로섬 게임의 편견에 사로잡히면 서로가 교육을 거부할 것이라고 지레 짐작하고 효율적으로 진행하지 못하는 것이다.

5

정보의 빈곤이다

♎

김 팀장은 모로코 기업인에게 뒤통수를 맞은 기분이다. 가격 협상이 너무 쉽게 타결되었기 때문이다. 모로코로 출장을 갔다가 우연히 들른 관광객 상대의 바자르에서 관심을 끄는 낙타 기념품을 발견했다. 이를 대량으로 수입해서 한국에서 팔면 좋겠다고 생각하고 즉석에서 가격 협상을 벌였다. 모로코 바자르에서는 협상을 할 때 값을 후려쳐야 된다는 말을 들은 적이 있기 때문에 가격표에 100달러가 붙은 것을 보고 60달러를 주겠다고 했더니 즉석에서 두 말 하지 않고 주는 것이 아닌가. 당연히 상대는 그 값에는 못 팔겠다고 나온 것이고, 그리되면 70달러 정도로 살 요량이었던 것이다. 그래서 김 팀장은 승자임에도 당황하기 시작한 것이다. 협상이 이외로 너무 쉽게 타결되어 협상이 잘된 것으로 생각되지 않기 때문이다.

실제로 모로코에서는 값을 삼분이 일 정도로 후려쳐야 한다. 슥

100달러짜리면 모로코 상인은 30달러 정도 받으면 잘 받았다고 생각하는 것이다. 그런데 김 팀장이 60달러를 주겠다고 하니 덥석 받아들였던 것이다.

일반적으로 국제 비즈니스 협상에서 승자가 당황하게 되는 것은 정보 부족 때문이다. 김 팀장은 사전 정보도, 믿을 만한 거래 관계를 맺은 에이전트도 없이 즉흥적으로 가격 협상을 했다.

국제 거래에서는 비용이 좀 들더라도 현지 대리점이나 중개인을 고용하여 협상하는 것이 좋다.

6

페어플레이의 잣대가
다르다는 사실의 무지

미국 정부나 비즈니스맨과 협상을 하다보면 그들이 제일 많이 사용하는 용어가 '페어fair'라는 말이다. 그런데 문제는 페어를 판단하는 기준과 잣대가 서로 다르다 는 점에 있다. 협상가나 문화권에 따라 제멋대로 판단하는 것이다. 이것을 보여 주는 좋은 예가 1997년 한미 자동차 협상이다.

한국 정부는 두 나라간 무역에서 페어의 잣대를 전체무역수지로 본 반면, 미국 정부는 자동차 무역수지로만 봤던 것이다. 당연히 미국의 잣대로 보면 한국은 미국에서 1년에 20만 대의 자동차를 팔면서 미국에서는 겨우 8천5백 대만 수입하는 엄청난 '언페어unfair' 무역국이다. 그러나 한국의 페이 잣대로 보면 억울하기 짝이 없다. 1996년에 한국 전체무역수지의 절반에 가까운 120억 달러가 미국과의 무역에서 생겼는데 왜 자동차 무역 하나만 가지고 불공정 무역국으로 몰아가느냐 하는 것이다.

비즈니스 협상에서 공정에 대한 재미있는 얘기를 하나 더 들어보자.

당신이 신형 연료 펌프를 개발한 중소 부품 사장이라고 가정하자. 이를 세계적으로 유명한 자동차 업체인 K사에 납품하기 위해 K사의 사장에게 면담을 여러 번 요청했으나 번번히 거절당했다. 그러던 어느 날 K사 사장으로부터 연락이 왔다. 사장이 호주에 출장을 가는 길에 잠깐 만날 수 있으니 공항으로 오라는 것이었다. 약속한 시간에 나가자 K사 사장은 바쁘니 걸어가면서 이야기하자고 했다. 그러더니 다짜고짜 "그 연료 펌프를 얼마에 팔겠소?"하고 물었다.

이런 상황에서 당신은 어떻게 대응하겠는가? 아마도 대형 자동차 회사에 납품할 수 있는 기회니 낮은 가격으로 제시하거나 아니면 높은 가격을 제시한 다음 조금 깎아 줄 것이다. 그러나 유럽이나 미국 비즈니스맨들은 그런 상황에 놓이면 두 말 없이 "즐거운 여행이나 하십시오."라고 말하고 돌아선다. 협상 상황이 불공정하다고 생각하기 때문이다. 아무리 대기업 사장이라고 하더라도 자신이 출장가는 길에 불러서 그것도 공항에서 탑승구 쪽으로 걸어가며 협상하려고 하는 것은 불공정하다고 생각하기 때문이다.

7

Negotiation

비즈니스 협상도
도청당할 수 있다

⚖

정부 대표가 협상을 하러 해외에 나가 본국에 보고를 할 때는 반드시 현지 대사관을 통해 암호를 쓴다. 도청을 당하지 않기 위해서다. 그렇다면 삼성이나 현대가 해외에 나가 협상하는 것도 도청을 당할까? 까짓 기업 사이에 누가 도청을 하겠느냐고 생각하겠지만 이는 크게 잘못된 생각이다.

무한 경쟁 시대 비즈니스 세계는 정글과 다름없다. 필요하면 상대방은 얼마든지 도청할 수 있다.

여기서 말하는 상대방은 상대국 정부나 정부기관일 수도 있다. 그러므로 협상에 관련된 중요한 정보를 본사와 주고받을 때는 항상 조심해야 한다.

아무 생각 없이 묵고 있는 호텔방 전화를 쓰는 것은 금물이다. 얼마든지 호텔방 전화에 도청장치를 할 수 있기 때문이다. 오히려 거리에 나가 공중전화를 이용하는 것이 안전하다.

이같은 일은 삼류국가에서만 하는 것이 아니라 미국과 같은 나라도 필요하면 염치없는 짓을 얼마든지 한다. 실제로 몇 년 전에 미국이 주도해온 세계적인 전자 첩보망인 에셜론이 미국 정부에 의해 산업 스파이로 활용해온 점이 밝혀져 EU가 발칵 뒤집힌 일이 있었다.

또다른 예로 오래 전에 브라질 정부가 아마존 환경 감시를 위한 위성장비 발주에 대해 국제 공개입찰을 실시하였다. 막대한 규모의 사업을 따내기 위해 미국 기업과 많은 유럽의 기업들이 막판 경쟁을 벌였다. 이 때 브라질로 날아간 유럽 기업인이 브라질의 고위관리와 은밀한 협상을 했다.

"도와주면 단단히 사례하겠다."

이것은 쥐도새도 모르는 비밀이었다. 브라질 고위관리의 대답은 OK였다. 유럽 기업인은 이 사실을 브라질에서 유럽 본사로 알렸다. 그런데 이 대화가 도청당한 것이다.

미국의 CIA는 이 비밀을 미국 기업에 알려주었다.

그리고 정보를 받아 쥔 미국 기업의 CEO는 이 카드로 브라질 관리를 협박했다.

"우리에게 협조하지 않으면 이 비밀을 폭로하겠소."

이렇게 발목을 잡힌 브라질 관리는 유럽의 기업으로 갈 엄청난 떡을 미국 기업에 주어버렸다.

앞의 예는 국가와 기업 간의 협상이라 막강한 정보기관을 가진 국가만이 할 수 있는 일이라고 생각할 수 있으나 오늘날 기업 간의 협상에서도 자주 일어나는 일이다. 특히 휴대폰 도청기술까지 가능한 현재에는 도청하는 일이 발생할 가능성이 크다는 점을 명심해야 한다.

국가나 기업도 자국의 이익이나 자사에 도움이 되는 일이라면 언제든지 도청하는 것이 국제사회에서의 관례이다.

Negotiation

Part 9
한국의
특이한
협상문화

협상문화란 협상을 가능하게 하는, 혹은
어렵게 하는 사회적 분위기를 의미한다.
그것은 그 나라의 역사 또는 문화와
밀접한 관계를 가지고 있다.

1

Negotiation

장유유서와 권위주의

⚖

    협상문화란 협상을 가능하게 하는, 혹은 어렵게 하는 사회적 분위기를 의미한다. 그것은 그 나라의 역사 또는 문화와 밀접한 관계를 가지고 있다. 일상생활에서 보고 느끼고 행동하는 모든 패턴들이 협상 문화와 관련을 가진다는 것이다. 그런 점에서 한국의 협상문화를 설명하는 자리에 장유유서와 같은 유교적 이념은 빠질 수 없다.

어른 말은 무조건 들어?
−장유유서長幼有序

    무어라고 번역하면 좋을까? 아마 "어른과 아이 사이에는 순서가 있다." 정도일 것이다. 다시 말해 무슨 일을 하건 어른이 먼저하고 아이가 나중에 해야 한다는 어르신 공경의 원칙을 일컫는 말이다. 한국 사람치고, 이 말의 의미를 제대로 이해하지 못하는 사람은 없을 것이다. 나이 드신 분들을 공경하고 그 분들의 지혜와 경륜을 높이 평가하는 이 사고방식은 참으로 아름다운 전통이 아닐 수 없다.

이러한 전통이 협상문화에 미치는 영향은 다음과 같이 정리할 수 있다.

첫째, 장유유서는 나이에 따라 사람을 서열화함으로써 사회구성원 내의 의사소통에 심각한 영향을 미친다.

앞서 밝힌 바와 같이 사회 내부에서 협상이 활성화되기 위해서는 의사소통이 원활히 이루어져야 한다. 하지만 사회구성원 사이에 서열이 매겨지면 이러한 의사소통은 매우 제한되게 된다.

자유롭게 의견을 개진하는 대신, "어린놈이 왜 이리 말이 많아."하는 말이 나오고, 그러면 나이가 어린 사람은 제대로 의견을 밝히지 못하게 된다.

둘째, 때문에 장유유서 문화에서는 활발한 협상을 기대하기 어렵다.

협상을 요구하거나 협상이 이루어진다는 그 자체가 바로 장유유서에 대한 도전으로 간주되기 때문이다. "그 놈들은 어른도 없어." 이 한마디로 문제 해결을 위한 협상 시도는 물 건너가게 된다. 따라서 상명하복의 문화가 만연하게 되고, 무사안일과 책임회피가 번지게 된다.

셋째, 하지만 장유유서는 역설적으로 사회적 갈등을 해결하기 위한 유용한 장치가 될 수도 있다.

만약 사회 내부적으로 어떤 갈등이 발생한다고 해도, "어른의 뜻!"이라는 한마디만 있으면 그 갈등은 해결되고 만다. 서로의 입장과 처지를 따지고 양보와 협상에 따라 문제가 해결되는 것이 아니라 나이에 따라 문제가 해결되는 것이다. 이런 의미에서 보면 장유유서는 참으로 편리한 사회갈등 해결수단이라고 할 수 있다. 누구나 나이를 먹기 때문이다.

하지만 윗사람의 의견과 견해가 반드시 합리적이지 않을 수 있다는 점에서 문제가 발생한다. 그래서 장유유서에 의한 사회적 갈등 요소는 진정한 '해소'가 아니라 '미봉'으로 간주될 수 있다.

권위주의

장유유서라는 이념은 독자적으로 존재하는 것이 아니라 한국사회를 오랫동안 지배해온 삼강오륜이라는 유교적 이념의 하나로서 존재한다. 따라서 유교적 이념의 큰 틀을 벗어나기는 어렵다.

유교적 이념은 여러가지 다양한 측면에서 분석할 수 있지만, 협상문화라는 관점에서 볼 때는 권위주의가 가장 중요한 요인으로 등장한다. 이때의 권위는 후천적으로 획득한 것이 아니라 선천적으로 주어지는 것이다. 토론과 합의보다는 지시와 복종이 당연한 것으로 이

협 상
상위 1%만
알아왔던 비기

해되고, 지신의 지시에 따르지 않는 행위는 불경스러운 것으로 간주되고 만다. 이러한 권위주의 사회에서는 마땅히 외부로 드러나야 할 사회적 갈등이 무시되거나 회피될 수밖에 없다. 갈등이 있다는 자체는 사회의 권위가 유지되고 있지 않다는 증거이고, 갈등을 협상한다는 것 역시 권위가 실추되었다는 의미로 여겨지기 때문이다.

유교적 이념에 근거한 권위주의가 정치적인 세력과 연결될 경우 그것은 억압의 형태로 드러나게 된다. 박정희 정권하에서 이 양자가 적절히 결합되어 사회적 갈등이 어떻게 억압되어 왔는지 우리 모두 알고 있다. 권위주의적 정치세력이 한국의 협상문화에 남긴 또 다른 흔적은 '흑백논리'의 확산에서 찾을 수 있다.

흑백 논리

협상은 내가 상대방의 입장에서고, 상대방 역시 나의 입장에서 자신을 돌아 볼 것을 요구한다. 이렇게 여지시지의 정신을 강조하면 "자기가 반드시 옳은 것도 아니며 그렇다고 상대방이 틀린 것도 아니다."라는 사실을 발견할 수 있다. 바꾸어 말하면 적과 아군의 구별이 불분명해질 수 있다는 것이나. 중요한 것은 적과 아군의 구분이 아니라 나의 견해와 상대방의 견해가 합치될 수 있는 지점, 혹은 합치될 수 있는 방법을 찾는 것이다. 이런 점에서 협상문화는 흑백논리와는 거리가 있을 수밖에 없다.

하지만 권위주의적 정치세력이 지배하는 사회에서는 사회적 문제에 대해 알게 모르게 편가르기를 강요당하게 된다. 예컨대, 권위주의적 정치세력을 찬성하든지 그렇지 않으면 반대해야 하는 것이다. 그렇지 않고 사안별로 찬성을 하거나 반대하는 것은 회색분자나 기회주의자의 처신으로 비판받는다. 민주화를 추진하는 과정에서는 이러한 편가르기가 민주화세력의 힘을 더 강하게 하는 효과를 가져왔을지 모른다. 그러나 협상문화를 위축시키는 부작용을 가져왔음은 지극히 분명한 사실이다.

혹자는 이러한 논리가 지금도 그대로 유지되고 있다면서 다음과 같이 말한다.

"이런 전통(중용이나 타협이 악과 동일시되는 것)이 문민정권이 집권한 이후에도 지속되고 있다. 김영삼 정부를 노태우 정권의 연장으로 이해하는 김대중 정권으로서는 이전 정권과의 차별성을 더욱 뚜렷이 하고자 하므로, 민주화 이후에도 여전히 흑백논리가 사라지지 않고 힘을 발휘하고 있는 것이다. 결국 고도의 협상력을 필요로 하는 김대중 정부의 개혁이 이러한 흑백논리에 기초하여 개혁대상과 협상을 하기보다는 이들을 타도대상으로 몰아붙였기 때문에 ……."

해법 – 과거의 질서를 바꾸어라

현재 한국 사회에는 과거와는 비교가 안 될 정도로 유교적 가치질

서가 쇠퇴하고 있다. 장유유서를 바탕으로 한 권위주의는 과거와 같은 힘을 발휘하지 못하고 있으며, 흑백논리 역시 민주화 이래 상대적으로 약화된 것이 사실이다.

그래서 이러한 과거의 질서를 대신하여 이 책에서 살핀 바와 같은 협상의 필요성이 확산되고 있음을 부인할 수 없다. 그것은 우리 사회의 민주화 이후 다양한 사회적 갈등이 분출되고 있으며, 이 사회적 갈등의 합리적 해결책으로서 협상의 필요성이 제기되고 있기 때문이다. 그런 점에서 사회적 갈등을 해결하기 위한 수단의 하나로 협상이 강조되는 것은 지극히 당연하다.

하지만 협상의 필요성을 강조하는 것만으로 사회적 갈등을 해소할 수 있는 것은 아니다. 협상문화를 키우는 사회적 기초를 마련하는 일이 무엇보다 긴요하다.

사회적 기초를 마련하는 일은 두 가지 관점에서 파악할 수 있다. 가장 바람직한 것은 역사적 관점에서의 접근이다. 인터넷과 디지털 혁명으로 대표되는 현 세계의 변혁을 염두에 두면서 과거의 낡은 장유유서식 권위주의를 없애고 그 대신 합리적이고 평등한 문화를 만들어내는 것이다. 그러나 아쉽게도 그런 방법을 제시하는 것은 이 책의 범위 밖이다. 이 문제만을 위한 또 다른 책을 필요로 할 만큼 방대하다. 그러니 이러한 접근은 접어두기로 한다.

다음은 개인적 관점에서 대한민국에 살고 있는 우리가 협상과 관련된 일에 어떻게 반응하는지를 보면서 그 행동패턴을 수정하는 일이다. 물론 이 방법이 협상문화의 활성화를 위한 사회적 기초를 어느 정도 마련할지는 매우 불분명하다. 하지만 최소한 협상문화와의 활성화를 위한 단초는 제공할 수 있을 것이다. 이 문제는 다음 장에서 다루기로 한다.

2

Negotiation

조폭 기질과 비합리성

𝕋

　아마 어떤 문제가 발생했을 때 우리 한국 사람들은 대부분 나이, 힘, 혹은 논리를 내세워 처음에는 조용조용히 이야기할지 모르지만 열에 아홉은 시간이 지남에 따라 목소리를 높일 가능성이 높다. 이런 행동은 비단 아파트의 주차분쟁에만 국한되는 것이 아니다. 가벼운 접촉사고든, 아니면 사소한 시비꺼리든 시간이 지남에 따라 반드시 이런 현상을 발견하게 된다.

　목소리가 커지면 커질수록 거기에는 나이도 없어지고, 힘도 없어지고, 논리도 없어진다. 오직 한 사람 혹은 두 사람의 격앙된 감정만이 남을 따름이다. 그리뇌면 성인군자가 아닌 다음에야 계속하여 소리를 낮출 사람은 아무도 없다. 그래서 결국은 "야!"와 "X X X"로 대변되는 감정만이 남게 된다.

　사석에서 우리는 농담조로 이런 말을 하는 것을 듣는다.

"목소리 큰 사람하고는 싸울 생각을 마." 아니면, "한국에서 살아남기 위해서는 목소리부터 키워야 해."

해법-목소리를 낮추라

목소리의 크기에 의한 문제해결 패턴은 조폭의 문제해결 방법과 매우 흡사하다. 논리와 합리 대신 억지라는 무력이 끼어들기 때문이다.

조폭의 문제해결 방식은 힘에 바탕을 두기는 하나 단순히 힘만으로 해결을 시도하는 것은 아니다. 힘만으로 문제를 해결한다면 차라리 귀여운 애교일 수 있다. 조폭적 문제해결은 개인의 감정에 기초를 둔 협박과 위협, 그리고 거친 소리를 배경으로 진행되다가 마지막에 힘이 나서는 것이다. 이것은 문제를 해결하는 것이 아니라 문제를 비틀어 쥐어짜 자기가 원하는 방향으로 내몰고 가는 것이다.

목소리를 높임으로써 문제를 해결하려 한다는 것. 우리는 이러한 조폭식 문제해결 방식을 갈등해소를 통해 무의식적으로 사용하고 있다. 전통적인 문제해결 방식이 흔들리고 새로운 방식이 자리를 잡기 전에 나타나는 과도기 현상인지는 모르나, 이를 은연중에 조장하는 현상도 있음을 간과할 수 없다.

신은경의 돌려차기로 유명한 〈조폭 마누라〉, 집단패씨움의 〈신라의 달밤〉, "많이 묵었다 아이가, 이제 고마해라."의 〈친구〉에 이르기까지….

목소리를 낮추어야 한다. 낮은 목소리에는 결코 격한 감정이 실리는 법이 없고, 문제 해결을 강요하는 무리가 따르지도 않는다. 사회적 갈등이 해결도 결국 당사자가 포함된 협상에 의존할 수밖에 없는데, 그런 때에도 당연히 낮은 목소리가 바람직하지 않겠는가. 목소리를 낮출 때 억지 대신 논리와 합리가 자리 잡을 수 있게 된다.

협상문화를 흐리는 비합리성

우리 사회에서 협상문화가 제대로 확산되지 않은 것은 사회 저변에 만연되어 있는 비합리성과 밀접한 관련이 있다. 제대로 된 협상문화가 정착되기 위해서는 사람과 사람 사이의 관계, 사람과 일의 관계, 그리고 일과 일의 관계가 합리적으로 이루어져야 하는데 현재 그러한 합리성이 많이 왜곡되어 있다.

어떤 종류의 협상이건 사람과 사람이 하는 것이다. 이 경우 그 사람이 어떤 사람이냐에 따라, 다시 말해 어떤 협상전략을 구사하고 어떠한 경쟁력을 가지고 있느냐에 따라 전혀 다른 결과를 가져오게 된다. 그래서 정말 중요한 것은 협상에 참여하는 사람이 어떤 사람이냐 하는 것이다. 하지만 협상력과 관계없는 비본질적인 요소가 협상에 중요한 요소로 작용하게 된다면 그것을 허용하는 협상문화는 결코 합리적이라는 평가를 받을 수 없다. 또, 협상에 참여하는 사람이 어느 특정 지역이라는 이유로 그 사람의 제안, 혹은 역량이 제대로 평가받지 못한다면 한국의 협상문화는 결코 성숙된 것이라 할 수 없다. 다시 말해 "우리가 남이가?"하는 지역주의와 연고주의는 한국의 협상문화 확산에 걸림돌이 될 수밖에 없다는 것이다. 사람을 있는 그대로 평가하지 않기 때문이다.

사람과 일의 관계에 대해서도 마찬가지다. 사회적 갈등은 대부분 사람이 행한 일, 혹은 사건으로부터 시작된다. 혹은, 어느 특정집단의 특정견해로부터 시작되게 마련이다. 이 경우 사회적 갈등을 해결하기 위한 가장 바람직한 방법은 그 사람과 일, 혹은 특정 집단과 견해를 분리하여 생각하는 것이다. 사회적 갈등의 대상은 조금만 더 깊이 파고 들어가면 사람이 아니라 사람이 행한 사건, 혹은 어느 집단이 가진 견해라는 것이 드러나기 때문이다. 그래서 사회적 갈등을 합리적으로 해결하기 위해서는 사람과의 일을 분리하고, 집단과 견해를 분리하여, 사람의 '일'과 집단의 '견해'만을 다루어야 한다. 사람과 문제를 한 묶음으로 처리해서는 안 되는 것이다.

어느 개인 혹은 집단을 사회적 갈등과 동일시하는 것은 그 개인과 집단에 대해 편견을 가지는 것과 같다. 그리고 편견이 있을 경우 사회적 갈등을 해소하는 데 걸림돌이 됨은 너무나 명확하다.

일과 일의 관계는 일의 경계에 대한 것이다. 이것은 사회적 갈등이 대부분 일과 관계된다는 면에서 그 일을 누가 책임을 지느냐 하는 것과 밀접한 관계를 가진다.

일과 일의 관계를 합리적으로 조절하지 않을 경우, 사회적 갈등의 해소과정에서 누구를 상대로 혹은 누가 나서서 문제를 해결해야할지 매우 불분명할 수 있기 때문이다. "잘 되면 자기 탓이고, 못 되면 조상 탓"이라는 말은 이런 경우에 사용된다. 생색을 내야 할 일이 있으면 자신을 내세우고, 책임을 질 일이 있으면 다른 사람에게 떠넘긴다는 것이다. 이것은 일종의 시기심과 일맥상통된다.

해법 – 병폐를 고쳐라

하지만 이런 세 종류의 합리성, 즉 사람과 사람 사이, 사람과 일 사이, 일과 일 사이의 비합리성은 명확히 구분되는 것은 아니다. 사람과 사람 사이의 비합리성이 나머지 두 종류의 비합리성을 유도할 수도 있기 때문이다. 그런 점에서 사람과 사람 사이의 비합리성을 만연시키는 지역주의는 한국의 협상문화를 저해시키는 요소이기도 하다. 그런 점에서 한국의 협상문화를 성숙시키는 가장 좋은 방법은 한국 사회 자체의 병폐를 고치는 것이다.

3
Negotiation

사회적 갈등의
비자발적 해결방안

⚖

한국 사회가 사회적 갈등을 자발적으로 해결하지 못할 경우 그 갈등을 어떻게 해결할 수 있을 것인가? 비자발적으로 해결 방안을 말하기 전에 일반적으로 제시될 수 있는 의견들을 검토해보자.

사건1 | 수몰지구 이주와 관련하여 이주민들은 일인당 300만 원을 요구하는 반면 해당 지자체는 일인당 200만 원밖에 주지 못하겠다고 주장할 경우.

사건2 | 전력 부족을 해결하기 위하여 정부는 특정 지역에 원자력 발전소를 건설해야 한다고 주장하는 반면, 환경단체들을 포함한 민간단체들은 수력발전소를 건설해야 한다고 주장할 경우.

우선 이 두 사건에 대하여 자발적으로 갈등을 해결하지 못할 경우, 이해 당사자들을 향하여 "왜 50대 50으로 서로 양보하여 타협하지 않느냐?"고 비판할 수 있다. 하지만 무조건 50대 50으로 타협하라고 하는 것은 비현실적이다.

예를 들어서 사건 1의 경우 일인당 200만 원을 주겠다고 하는 자체와 250만 원을 주는 것으로 타결할 수 있다. 하지만 수력발전소를 세워야 한다는 주장과 원자력발전소를 세워야 한다는 주장하는 사건 2의 경우는 50대 50을 적용하여 타결할 수가 없다. 중간지점을 적용할 수 있는 사안이 아니기 때문이다.

다수결 원칙의 문제

어떤 사람은 다수결의 원칙에 승복해야 한다고 주장한다. 여기서 발생하는 문제는 두 가지다.

먼저 왜 다수결의 원칙에 승복해야 하느냐 하는 문제다. 이것이 민주주의이기 때문에 승복해야 한다고 말할지 모르나 이해 당사들이 다수결로 문제를 해결하겠다고 합의하지 않는 한 다수결 원칙에 승복하라고 하는 것은 비민주적 강요에 지나지 않는다.

또 다른 문제는 다수결의 원칙을 적용한다고 해도 누구를 대상으로 투표를 할 것인가 하는 문제가 남는다.

사건1의 경우 일인일표주의가 채택되면 당연히 이주민들의 주상대로 문제가 해결된다. 이 경우 일인일표주의 타당성에 대한 의문이 제기될 수 있다.

사건2의 경우, 수력발전소와 원자력 발전소 설립문제가 대두되었을 때 두 견해를 대변하는 집단은 자기들에게 유리하게 동조할 사람들을 포함시키기를 원한다. 따라서 누구를 표결자로 할 것인가를 결정하지 않는 한 다수결에 따르는 것은 해결책이 못된다.

따라서 양 당사자의 문제를 해결하지 못하는 경우, 혹은 문제를 해결하기 위한 원칙에는 합의를 했으나 그 합의를 구체화하기 위한 논의를 더 이상 진행하지 못할 때 제3자의 도움을 필요로 한다.

중립적인 제3자가 어떠한 역할을 수행해야 하는지에 대해서 논의하기 전에 비자발적인 해결이든 자발적 해결이든 합의된 해결책이 반드시 갖추어야 할 조건이 있다. 그 조건이 무엇인지 검토해보자.

4

Negotiation

바람직한 해결책이 가져야 할
네 가지 조건

✠

앞에서 우리는 한국 협상 문화의 문제점을 찾아 보았다. 그런 문
제점에 대한 바람직한 해결책이 갖추어야할 네 가지 조건은 공정성,
효율성, 현명성, 그리고 안전성이다.

공정성

공정성은 합의에 이르는 과정과 관련된 것이다. 그래서 공정성을
검토하기 위해서 다음과 같은 질문을 한다.

합의에 이르는 과정에 참여하기를 희망하는 모든 이해당사들에게
참여의 기획가 부장되었는가?

합의에 이르는 과정에 참여한 모든 이해당사들에게 그들이 원히

는 정보를 제공했는가?

모든 이해 당사자들에게 자신의 견해를 표명할 기회를 주었는가?

절차에 대한 정당한 불평이 처리될 수 있는 수단이 제공되었는가?

이런 모든 질문에 대해 "그렇다"라는 답변이 나왔다면 그 합의는 공정성이 갖추어졌다고 할 수 있다.

효율성

만약 어떤 해결책이 공정하다고 평가를 받을지라도 해결에 이르기까지 지나치게 많은 시간이 소요되었다면 이 해결책은 결코 바람직하지 못하다. 공정성과 효율성 사이에는 상호 배반의 관계가 이루어진다. 공정성을 살리기 위해서는 효율성이 지체될 수 있고, 효율성을 살리기 위해서는 공정성이 희생될 수 있다는 것이다.

이 문제를 해결하기 위해서는 두 가지 기준에 대한 적절한 균형감각이 필요하다. 예를 들어서 어떤 문제를 해결하는 데 있어 시간제한이 있다면, 공정성보다 효율성에 초점을 둘 수밖에 없다.

현명성

현명성이란 무엇일까? 이는 실제로 그 해결책이 시행되고난 뒤에

나 판명되는 것이다. 예를 들어서 "아, 합의할 당시에 이렇게 했더라면 더 좋았을 텐데……"라는 탄식이 나온다면 그 해결책은 현명한 해결책이 되지 못하는 것이다.

이렇게 시간이 지난 다음에야 판단되는 것은 대부분의 해결책이 실제로 해결되는 데는 상당한 시간을 필요로 하기 때문이다. 예를 들어서 사건2의 경우 수력발전소를 짓기로 합의했더라도 그 합의가 현명한지 아닌지를 판단하려면 수력발전소가 세워진 다음에야 판단할 수 있기 때문이다.

그 해결책에 현명성을 높이기 위해서는 그 해결책을 결정하기 전에 낭시 입수할 수 있는 모든 정보를 구한 다음 해결책을 구하는 것이다. 그렇게 하면 후회하는 일은 생기지 않는다.

안전성

해결책이 만족스러운 것으로 평가받기 위해서는 계속해서 실행될 수 있는 안전성을 가져야 한다. 그런 의미에서 갈등을 해소하거나 분쟁을 해결하는 방안은 당연히 실현 가능한 것이어야 한다.

한편으로 합의된 사항을 이행하는 일은 양 당사자가 함께 해야 하기 때문에 이들이 지킬 수 없는 약속을 할 경우 해결책의 실현 기능성은 상대적으로 줄어들 수밖에 없다. 따라서 모든 합의가 제대로 실현되기 위해서는 재협상을 필요로 한다. 재협상의 가능하다고 한다면 합의한 내용의 실현할 가능성이 매우 높은 것이다.

재협상의 가능성은 협상 과정에서 이해 당사자들이 어떠한 관계를 만들었는가에 달려 있다. 좋은 관계가 이루어질수록 재협상의 가능성은 높은 것이고, 또한 해결 가능성도 높은 것이다.

협 상
상위 1%만
알아왔던 비기

5
Negotiation

사회적 갈등의
비자발적 해결사 제3자

이해 당사자들끼리 갈등을 자발적으로 해결하지 못할 경우 중립적인 제3자의 도움이 필요하다. 하지만 '도움이 필요하다'는 것과 '도움을 요청한다'는 것은 다르다.

제3자가 갈등을 위해서는 무엇보다도 이해 당사자들이 도움을 요청해야 한다. 그래야 제3자가 아무런 부담 없이 이들을 도울 수 있다. 하지만 필요성을 느끼면서도 종종 제3자를 요청하는 데 주저하는 것을 볼 수 있다. 그것은 아래와 같은 두 가지 이유에서다.

짓쌔, 협상이 교착상태에 빠졌을 경우 모두 제3자의 필요성을 느끼기는 하지만 어느 한 쪽이 그러한 필요성을 상대방에게 먼저 알릴 경우 상대방이 그 사실을 악용할 가능성이 있기 때문이다.

팽팽한 협상에서 외부의 도움이 필요하다는 사실을 먼저 드러내게 되면 그만큼 약하다는 증거로 해석될 수 있기 때문이다. 이런 경우 이해 당사자가 제3자의 도움을 청하기보다는 당사자들과 관계없는 업저버가 제3자의 도움이 필요하다는 사실을 알리는 것이 바람직하다.

또 제3자가 직접 자기가 도움을 주겠다는 의사를 밝힐 수도 있다. 예를 들어서 사회적 영향이 매우 큰 갈등이 오랫동안 계속될 경우 정부가 직접 나서 중재의사를 밝힐 수도 있는 것이다.

둘째, 이해당사자가 제3자의 중립성에 대한 확신을 가지지 못하기 때문이다.

하지만 중립성에 의심이 들 경우 언제라도 제3자의 도움을 거절할 수 없기 때문에 이러한 의문은 실제적으로 큰 장애가 되지 않는다.

제3자의 도움에 관련하여 이해 당사자들이 흔히 갖는 오해는 제3자의 도움을 받을 경우 그가 제시한 합의안이나 해결책에 대해 반드시 동의해주어야 한다는 점이다.

즉 자신이 그 해결책에 대하여 자유롭게 의사표시를 할 수 없게 된다는 것이다. 하지만 이것은 전적으로 잘못된 생각이다. 제3자의 도움을 필요로 한다는 것은 말 그대로 해결에 대한 도움을 받겠다는 것이지 제3자가 제시하는 해결책에 반드시 동의해야 한다는 것을 의미하지 않는다.

다시 말해서 당사자들이 완전히 동의하지 않는 한 제3자가 세시한 해결책은 결코 완전한 해결책이 될 수 없는 것이다.

협 상
상위 1%만
알아왔던 비기

제3자가 기본적으로
해야 할 일

어떤 방식으로든 제3자가 분쟁이나 갈등의 해결을 도우려 한다면 그가 가장 염두에 두어야 할 일은 제로섬과 같은 협상의 상태를 서로 이익이 될 수 있는 윈윈 상태로 바꾸는 일이다. 이렇게 협상의 상태를 바꾸기 위해서는 대개 다음과 같은 절차가 필요하다.

> **첫째, 이해 당사자들의 이해관계 파악**
>
> **둘째, 서로 의견을 교환할 수 있는 토대와 분위기 마련**
>
> **셋째, 서로의 차이점을 발견하고 그 차이점에 근거하여 공**
> **통의 이익을 발견해 내는 것**

이 중에서 가장 중요한 것은 당사자들의 이해 관계의 구조, 즉 쟁점 사항에 대하여 서로 어떻게 판단하고 있는가를 파악하고, 교환의 가능성을 발견해내는 일이다. 이런 과정이 충분히 진행되어야 당사자들이 공동의 이익을 얻을 가능성이 높아진다. 하지만 공동의 이익이 가능하다고 해서 그 이익이 항상 균등하게 배분되는 것은 아니다. 균등한 배분을 위해서는 새로운 타협과 합의를 필요로 한다.

중립적 제3자의 역할

분쟁을 도우러 나선 제3자라 하더라도 그들이 모두 같은 역할을 하는 것은 아니다. 이해 당사자들이 어떤 도움을 청하느냐에 따라 역할은 달라지는 것이다.

그것은 그가 어떠한 도움을 주느냐에 따라 합의 과정에서의 도움, 중재, 그리고 구속력이 없는 조정 등으로 나눌 수 있다. 그러나 이런 구분이 명확히 이루어지는 것은 아니다. 갈등 해소나 문제 해결을 도우는 과정에 있어서 이 세 가지 기능은 서로 혼재될 수 있기 때문이다.

합의 과정에서의 도움

합의 과정에서의 도움이란 제3자가 할 수 있는 가장 단순한 형태의 도움을 의미한다. 이 단계에서 제3자가 하는 일은 거의 전적으로 협상의 과정에 집중한다. 기본적으로 협상의 장소와 시간은 합의되었는지, 협상 공간은 적절하게 배치되었는지, 그리고 관련된 의사록은 제대로 구비되어 있는지 등을 점검한다.

또 이해 당사자들이 토의에 집중하도록 조정하는 것도 제3자가 하는 기능으로 이해할 수 있다. 이 때 제3자는 모든 이해 당사자들과 원만한 관계를 유지해야 하며, 만약 어느 당사자도 이에 만족하지 못하면 이 제3자의 도움을 거부할 수 있다.

중재

이해 당사자들이 합의에 만족하지 못할 경우 이들의 요청에 의해 중재를 하게 된다. 다시 말해 제3자의 도움만으로 조정되지 않을 때, 보다 구체적인 도움을 주는 것이다. 그러니까 중재는 적극적인 의미를 가진다. 그리고 이러한 중재 기능을 수행하는 자를 중재인이라고 한다.

분쟁에서 중재인을 필요로 하는 것은 이해 당사자들이 원만한 해결을 못하여 그들을 대신하여 중립적인 제3자가 조정해주는 것이 필요하기 때문이다. 여기서 강조해야 할 사항은 이해를 조정한다는 사실이다. 즉 중재인의 가장 큰 역할은 상반된 이해를 여러 가지 기준에 의하여 분류하고 재해석하면서 서로 합의할 수 있는 가능성을 찾아내는 것이다.

이러한 기능을 해내려면 중재인은 문제가 되는 분쟁 혹은 갈등에 대해서 충분한 지식을 갖고 있어야 한다. 그래야 그들의 진정한 목적이 무엇인지, 그들의 이해 관계가 어떻게 조화될 수 있는지를 판단할 수 있다.

협상 단계에서 중재인이 해야 할 일은 분쟁에 관계되는 당사자들을 우선 만나는 일이다. 그리고 자신의 중재가 어떠한 형태로 이루어질 것인지에 대해서 설명해야 한다.

구속력 없는 조정

구속력 없는 조정은 제3자의 기능으로 합의 과정에서 도움이나 중재가 제대로 이루어지지 않았을 때 할 수 있는 대안이다. 여기서 조정은 법적인 판단과 비슷한 의미를 가진다. 이러한 중재까지 필요한 것은 당사자들의 주장이 객관적으로 봐서는 비현실적인데, 그것을 느끼지 못하기 때문에 중재자를 통해서 자신들의 주장이 비합리적이라는 것을 깨닫도록 유도하는 것이다.

여기에는 구속력이 부여되지 않는다. 그 이유는 좀 더 쉽게 분쟁에 대한 법률적 판단을 받아볼 수 있게 해주기 위해서다. 즉 당사자들이 원하는 바, 즉 "우리는 제3자가 내리는 판단에 구속되기를 원치 않는다. 그렇지만 판단이 어떤지 한번 들어보고 싶다."는 요구에 부응하기 위해서다.

구속력 없는 조정은 사회의 모든 분쟁이나 갈등에 유효한 것은 아니다. 따라서 이러한 기능이 발휘되기 위해서는 법률적인 요소를 포함하고 있어야 한다.

Negotiation

Part 10
상황에 따른 협상전략

상대방이 어떤 요구를 할 때는
그들이 진짜로 원하고 있는 것이 무엇인지
알기 위해 눈을 크게 뜨고 주시해야 한다.
그래서 진정으로 원하는 것이 무엇인지 파악하여
그에 걸맞게 대응해야 하며
무작정 양보만 해서는 안 된다.

1

Negotiation

상대가 부당한 방법을
구사할 때

⚖

협상에서 좋은 결과를 얻기를 바라는 것은 협상자로서 당연히 갖는 공통된 바람이다. 그러나 때로는 상대방이 옳지 못한 방법이나 책략을 씀으로 해서 난감한 처지에 놓이기도 한다.

그러면 상대방이 구사할 수 있는 부당한 방법이나 전략은 어떤 것이 있으며, 어떻게 대응해야 할까?

먼저 상대방의 부당한 책략에 대하여 알아보자.

허를 찌르는 기습

이는 전쟁에서 자주 사용하는 방법으로 동쪽을 치는 척하다가 실제는 서쪽을 공격하는 방법이다. 예를 들어 보자.

당신은 휴대폰의 액정을 만드는 회사의 영업사원으로 한 휴대폰 제조회사에 당신 회사에서 만든 제품을 납품시키기 위하여 2년 가까이 담당자와 식사도 하고, 명절 때마다 선물을 보내는 등 공을 들였다. 그리고 2년이 지난 어느 날 담당자로부터 오퍼를 넣겠다는 연락이 왔다. 그런데 납기일 90일을 반드시 지켜달라는 조건이 붙어 있었다.

문제는 90일의 납기를 도저히 맞추지 못한다는 데에 있었다. 상대는 그것을 알고 있으면서도 당신과는 일언반구 상의도 없이 일방적으로 통보를 해 온 것이다. 이럴 때는 어떻게 대응해야 할까? 이런 일은 비즈니스 외에 실생활에서도 종종 일어난다.

● 대응전략

먼저 상대방의 숨은 의도를 파악하는 것이 급선무다. 상대는 분명히 당신이 90일 내에 납품이 불가능하다는 것을 알면서도 그렇게 주문한 데에는 숨겨진 의도가 있다. 보통 이런 경우는 납품 단가를 깎을려고 하는 계략이 숨어 있는 것이다.

이 때 당신의 대응 전략으로는 우선 당신도 맞받아치는 것이다. 즉 상대가 협상 장소에 5분 후에 오겠다고 하면 당신은 10분 후에 다른 직원을 대동하여 들어가서 상대의 요구가 부당함을 하나하나 지적하는 것이다.

두 번째는 상대방의 요구에 답하지 말고 시간을 끄는 것이다. 예를 들어서 상사와 상의하겠다고 하고 시간을 버는 것이다.

모두 속이는
계략

　이 계략은 앞의 방법보다 더 지능적인 것으로, 먼저 어떤 요구를 한다. 그런데 그 요구는 진짜 원하는 것이 아니라 그 요구를 이용해서 다른 요구를 하기 위한 사전 작전이다. 이 방법의 가장 전형적인 예로 6.25전쟁 당시 남북휴전 회담 때의 일을 들 수 있다.

　휴전회담 때 남북은 전쟁과 관계없는 중립국 나라들을 참여시키기로 합의했다. 그런데 북한이 느닷없이 세 번째 나라로 소련을 참석시키자고 제안했다. 이에 남한은 물론이고 협상에 참여하고 있던 노르웨이나 스웨덴을 위시한 서방국가들은 강력히 반대했으나 북한은 굽히지 않고 만약 받아들이지 않는다면 회담을 철수하겠다고 엄포를 놓았다.

　그런데 이 때 북한이 정말로 소련의 참여를 원해서 그런 제안을 한 것이 아니었다. 그들의 속셈은 회담 초기에 합의했던, '손실된 활주로를 복구하지 않는다.'는 조항을 철회하는 것이었다.

　당시는 전쟁 중이기 때문에 북한은 손실된 활주로를 복구하지 않으면 그들에게는 막대한 손실이 발생하기 때문에 그런 엉뚱한 제안을 했던 것이다.

● 대응전략

상대방이 어떤 요구를 할 때는 그들이 진짜로 원하고 있는 것이 무엇인지 알기 위해 눈을 크게 뜨고 주시해야 한다. 그래서 진정으로 원하는 것이 무엇인지 파악하여 그에 걸맞게 대응해야 하며, 무작정 양보만 해서는 안 된다.

갑으로 을을
공격하는 방법

이 방법은 다양한 정보를 수집해 상대가 거절할 수 없는 상황으로 몰고 가는 것이다. 이 방법은 물품이나 땅 등을 사는 구매자들이 많이 사용한다. 예를 들어서 당신이 운영하던 식당을 사정이 있어서 내놓았다고 하자. 그런데 구입하려는 사람이 당신 가게 부근에 가서 몇 곳을 알아보았다.

첫 번째 가게는 인테리어 등 내부는 매우 깨끗하다. 다만 입지가 좋지 않아 권리금이 좀 싼 편이다. 두 번째 가게는 가게 내부는 지저분한데 입지가 좋아 권리금이 좀 비싸다. 그런데 구매를 원하는 사람이 '알아보니까 입지 조건이나 내부시설 등을 고려할 때 권리금이 이 정도면 적할 것 같습니다.' 라고 했을 때 그 권리금이 마음에 들지 않는다면 어떻게 대응해야 할까?

● 대응전략

가장 좋은 방법은 사전에 미리 대비해 이런 상황을 피하는 것이다. 즉 주위에 내놓은 가게가 얼마에 내놓았는지, 조건은 어떤지를 알아서 미리 대비하는 것이다.

작은 것으로 유인해서
큰 것을 얻어내는 방법

이 방법은 오늘날에는 많이 사용하지 않지만 주로 선물공세를 하는 카드사나 보험사 등이 많이 이용했다.

● 대응전략

작은 것을 공짜, 또는 파격적인 가격으로 제공할 때에는 그 뒤에 숨어있는 의도를 잘 파악해야 한다. 나중에 항의해보았자 소용이 없으니 주의 깊게 대처해야 한다.

협상이 성사된 다음에
부가 요구를 하는 방법

이 방법은 비즈니스에서 많이 사용되는 방법이다. 즉 제품의 하자를 들어서 값을 깎는 것이다. 이는 협상이 체결된 다음에 수정을 요구한다.

예를 들어 보자.

필자가 아는 한 작가는 어느 출판사와 출판계약을 할 때 출판사가 원고 분량이 적으니 원고료를 깎아달라고 하여 원하는 값으로 깎아주었다. 그런데 나중에 그 원고를 출판하기 직전 출판사는 다시 분량이 부족하니 부족한 부분을 추가로 요구했다. 이런 경우 거의가 추가요구한 부분에 대한 대가는 지불하지 않으려고 한다.

● 대응전략

협상이 성사된 다음의 추가 요구는 분위기상 거절하기가 매우 힘들다. 하지만 부당하다고 판단되거나 들어주고 싶지 않은 요구라면 나중으로 미루지 말고 바로 거절해야 한다. 이런 요구는 시간이 끌수록 거절하기가 힘들다.

이런 추가 요구를 하는 사람들은 거의가 '인간관계'라는 무기를 이용하고 있다.

2
Negotiation

단기협상에서
성공하기 위한 전략

⚖

이 방법은 주로 세일즈맨들이 많이 활용하는 방법이다. 협상을 하다보면 실수를 저지를 수도 있음을 각오해야 한다. 또 얼굴도 두꺼워야 하고, 요구사항도 적극적으로 밀어붙일 수 있어야 한다. 단기협상에서 활용할 수 있는 좋은 방법으로는 다음과 같은 것이 있다.

첫째, 상대방의 회사 규정이나 권위에 도전하겠다는 자세를 갖는 것이다.

협상에서 상대방은 자기네 회사의 규정을 들어서 요구하는 것이 많을 것이다. 그럴 때 무조건 들어줄 필요는 없다. 그것은 어디까지나 자기네 사정이고, 당신의 회사는 당신의 회사대로 규정과 사정이 있을 것이기 때문이다. 또 회사의 정책이나 규정은 상황에 따라 바뀔 수도 있다. 정책이나 규정은 사람이 만든 것이기 때문에 얼마든지 수정이 가능한 것이다.

둘째, 당신이 파는 입장이면 제품 포장을 잘해야 한다.

자동차 판매 대리점에 가보면 영업사원들은 수시로 자동차를 닦고, 옷가게에서는 옷이 예쁘게 보이게 하려고 윈도우쇼를 한다. 모두 제품을 잘 보이기 위한 방법이다.

셋째, 상대방에게 다른 기회가 없음을 확인시킨다.

즉 상대방에게 당신의 제품만이 유일한 선택이라는 것을 알린다. 대표적인 방법이 자동차판매사원이 사용하는 방법이다.

"이 차는 최고의 인기 차라 예약하고 기다리는 사람이 수십 명이 넘습니다."

넷째, 전문가답게 행동한다.

협상에서 상대방이 당신을 전문가로 느끼면 존경심을 갖게 되고, 협상 주제에 대해서 해박한 이론을 펴면 주눅이 들 것이다. 따라서 협상 테이블에 앉기 전에 이미 당신은 주도자적 위치에 서게 된다.

또 협상에 관련된 자료와 정보를 충분히 숙지하고 있다면 훨씬 유리한 입장에 설 수 있다.

다섯째, 질문도 답변도 단순화한다.

상대가 쉽게 답변할 수 있게 단순하게 질문한다. 협상 내용이 복잡하면 단순하게 분류하여 각 항목별로 협상하는 것이 좋다. 만약 상대가 복잡하게 질문하거나 답변을 하면 다시 물어서 간단하게 상황을 정리한 후에 협상한다.

마지막으로 상대의 시간을 당신에게 투자하도록 한다.

 그 방법으로는 끊임없이 질문을 하는 것이다. 당신이 질문을 많이 하면 할수록 상대는 당신에게 시간을 투자하는 것이기 때문에 협상을 반드시 체결해야 하겠다는 생각을 갖게 된다.

3

Negotiation

장기협상을 성공하는
10대 전략

길고 지루하게 계속되는 협상에 대처하는 방법은 다음과 같다.

1. 상황에 따라 다양한 협상 기술을 활용한다.

장기간 계속되는 협상에서는 한 가지 전략만으로는 성공할 수 없
다. 따라서 장기협상의 경우에는 알고 있는 협상 기술을 번갈아 혼
용해야 하다.

2. 쌍방이 모두 윈윈win-win하도록 노력한다.

협상이 실어지면 마음이 조급해져 상생하려는 생각을 하지 않게
된다. 그러나 쌍방 모두 이런 전제를 가지고 협상에 임할 때 지루하
게 느껴지지 않는다.

3. 장기적 이익에 주목한다.

협상이 장기화되면 단기에 얻을 수 있는 이익보다는 장기간의 시간을 두고 얻을 수 있는 전략으로 전환해야 한다. 동시에 상대방의 입장에 대해서도 생각해야 한다.

4. 시종 일관되게 우호적인 태도를 취하되 입장은 분명히 한다.

협상 과정에서 상대가 공세를 취하더라도 우호적인 태도를 취하고 예의를 잃지 말아야 한다. 아울러 자신의 입장은 분명히 하되 인간관계를 해치는 행동을 해서는 안 된다.

5. 객관적 기준을 세워 이야기한다.

상대방의 입장이나 태도가 강경할 때는 다양한 사실을 근거로 들거나 객관적 데이터를 가지고 설득해야 한다.

6. 상대방이 먼저 조건을 제시하도록 한다.

상대방이 침묵하면 당신도 침묵하고, 상대방이 버티면 당신도 버티어 상대가 먼저 조건을 제시하도록 해야 유리하다.

7. 시간적 부담을 잘 활용한다.

장기협상에서는 시간이 서로에게 부담이 된다.

따라서 상대방의 최종 확정 시간은 어떻게 해서든지 알아내되, 당신의 최종 시간은 절대로 들켜서는 안 된다.

8. 상대방의 인맥을 활용한다.

협상을 하다가 보면 협상대표가 물론 중요하지만 때로는 상대방 주변 사람의 도움을 받을 경우가 많다. 따라서 협상 대표의 주변 사람들을 무시해서는 안 된다. 그 사람의 지위가 높고 낮음은 관계없이 활용하는 것이 바람직하다.

9. 일과 사람의 관계를 분명히 구분한다.

뛰어난 협상가는 일도 완벽하게 처리하지만 인간관계도 절대로 무시하지 않는다. 따라서 협상이 끝나면 상대방에게 따뜻한 관심을 보이는 것이 중요하다.

10. 가장 좋은 시기에 결정을 내린다.

초조하고 성급하게 결정을 내리려고 하면 좋은 결과를 얻을 수 없다. 한정된 시간 내에서는 자칫 상황을 잘못 판단하여 불리한 조건을 수용할 수도 있으니 충분한 시간을 확보하여 적정한 시기에 결정하도록 한다.

4

Negotiation

고액 협상 성공 전략

♎

    고액 협상에서 성공하기 위해서는 먼저 목표를 크게 설정하고 마음을 크게 가져야 한다.

    우리 속담에 '호랑이를 목표로 그리려고 하다가 보면 최소한 고양이는 그려진다. 그러나 고양이를 목표로 그리려고 하면 쥐밖에 그려지지 않는다.'는 말이 있다. 목표를 크게 가지라는 뜻이다.

    협상도 마찬가지다. 즉 당신의 제품과 서비스가 최고의 가격을 받아 마땅하다고 자신감을 갖아야 당신이 큰 비즈니스를 하는 사람이라고 인정받을 수 있다. 그런데 많은 사람들이 협상에서 그러지 못하는 것은 다음의 다섯 가지 이유에서이다.

    첫째, 목표를 어느 정도의 수위로 설정하는 것이 적합할지 제대로 모르기 때문이다. 이는 평소 일상생활에서 큰 액수를 다루어보지 못하는 것도 그 이유 중 하나가 된다.

둘째, 새로운 정보에 둔감하기 때문이다.

나이가 들수록 새로운 시대의 흐름에 보조를 맞추어 나아가야 하는데 과거에 안주하여 새로운 정보에 대처하는 능력이 없어 그런 문제가 발생한다.

셋째, 과거의 경험이 기준이 되기 때문이다.

일이나 세상사를 평가할 때 과거의 경험을 기준으로 하기 때문에 보다 큰 포부를 갖지 못하고, 큰 비즈니스를 하지 못한다.

넷째, 언제나 다른 사람이 기회를 주기만을 기다리기 때문이다.

다른 사람이 주는 것만을 감사하게 생각하여 그것으로 만족하게 생각하는 데서 오는 무능력의 결과인 것이다.

몇 번 강조하는 말이지만 고액협상에서 성공하지 못 하는 것은 당신의 목표가 작기 때문이다.

문제는 자신감이다. 자신이나 제품이 가치가 있다고 확신한다면 가격을 높이지 못할 이유가 없다. 따라서 고액 협상에서 성공하기 위해서는 다음과 같은 마음 자세를 가져야 한다.

'나는 가장 뛰어난 사람이며, 가장 좋은 것을 가지고 있고, 내가 만든 제품이나 서비스, 또는 하는 일들은 분명히 당신에게 행복한 미래를 줄 수 있다.'

상대가 화를 낼 때의
대응 전략

⚖

협상하는 과정에 상대가 화를 내는 경우가 있다.

상대방은 화가 정말 나니까 화를 내는 경우도 있지만 전략적으로 내는 경우도 있다. 그런 때 상대로 하여금 당신이 견딜 수 없을 것이라고 생각하게 만들거나, 당신이 항복하지 않으면 계속 화를 내야되겠다고 생각하도록 만들어서는 안 된다. 또 상대방이 화를 낸다고 해서 당신도 같이 화를 내서는 안 된다. 그것은 협상전문가로서의 태도가 아니다.

그럴 때의 대응전략은 다음과 같다.

먼저 당신 편의 사람들이 아닌 화를 내는 사람 편의 사람 중에서 지지를 얻어내도록 한다. 가능하면 협상 상대를 그 사람으로 바꾸면 더더욱 좋다.

상대가 끝까지 화를 낼 경우 최악의 경우 새로운 협상 상대를 찾는 방법밖에 없다.

두 번째는 상대방이 화를 내도록 내버려 두는 것이다.

협상 중에 상대방이 화를 내면 다른 일을 찾아본다. 예를 들어서 협상자료를 읽어보는 것도 좋고, 노트북이 앞에 있으면 이메일을 확인하는 것도 좋다. 또 미소를 띄우면서 상대를 바라보는 것도 괜찮다. 그러면 상대는 어이가 없거나 머쓱해져서 화내는 일을 중지할 것이다.

그러면 일대일 협상에서 상대가 화를 내면 어떻게 해야 좋을까? 그 때는 상대방이 화를 내다가 제풀에 지칠 때까지 내버려 둔다.

화를 잘 내는 사람들 중 대부분은 자기가 화를 내는 것을 상대방이 잘 참아주면 자기가 우월적 지위를 확보했다고 생각한다.

마지막으로 화를 낸 적이 없던 것처럼 태연하게 행동한다.

화를 내는 사람에게 저항하는 방법은 몇 가지가 있다.

소리를 지를 수도 있고, 계속해서 No라고 부정하거나 당신도 당신의 주장을 펼 수 있다. 그러나 저항한다는 느낌은 주지 말고 당신이 원하는 것만 얻으면 되는 것이다.

이 세상에는 여러 종류의 사람들이 많다. 화를 내지 않아도 될 경우에도 화를 내는 사람도 있다. 불행하게도 그런 사람과 협상을 해 네 히는 지시에 놓이면 그시 인내를 가지고 짐고 싱내가 화를 풀기만을 기다릴 수 밖에 없다.

협상에서 상대가 화를 내는 것은 상대방이 빨리 자기의 제안을 받아들이게 하기 위함이며, 복종을 바라는 마음의 또다른 표현이다.

상대방의 화를 창밖의 가을바람처럼 스쳐가게만 할 수 있다면 그 화를 금방 멈추게 할 수 있을 것이다. 따라서 상대방이 화를 내는 것을 무시하는 것이 최선의 방법이다.

삶은 매순간 협상의 연속이다

협상에서 이기고 싶다면 마음자세가 기본으로 돌아가야 한다. 다시 말해서 어린 아이처럼 협상을 해야 한다.

이는 무슨 뜻인가?

당신이 어렸을 때 부모에게 졸랐던 시절을 생각해 보면 알 것이다. 어떻게 부모를 설득해서 늦게까지 좋아하는 TV를 봤는지, 어떻게 해서 모니터 앞에서 좋아하는 오락 게임을 했는지, 어떻게 강아지를 키울 수 있었는지 생각해 보라.

'어린 아이처럼 협상하라!'는 말은 협상할 때 상상력과 창의력을 발휘하라는 것을 의미한다.

협상능력이란 상상력을 넓히고, 순발력을 키우고, 자유롭게 생각하고, 성가신 문제에 대해서 새로운 해결책을 강구해낼 수 있는 능력을 말한다.

상상력은 협상에서 당신이 상대보다 우위에 있게 만든다. 상대방은 오래된 각본을 들고 나와 엄격한 규칙과 절차를 고집하고 있을 때 당신은 어린 아이처럼 겁없이 새로운 것을 시도하면 분위기는 당신이 주도하게 될 것은 자명하다.

어린 아이들은 스트레스를 안 받는다. 받더라도 바로 배출한다. 스트레스가 없기 때문에 아이들은 엄청난 힘을 발휘한다. 그래서 협상에서 능력을 발휘하게 되는 것이다.

스트레스는 협상에서 이기는 확률을 낮추는 요인이 되므로 받으면 받을수록 실패할 확률이 높아진다. 또 판단을 흐리게 하고, 창의력을 발휘하지 못하게 하여 다음에 무엇을 해야 할지 생각할 기능도 저하시킨다.

어른들은 협상할 때 자신의 전력이 노출될까 걱정하지만 그런 스트레스가 없는 아이들은 그냥 곧바로 시도한다. 때로는 타협을 의식하지 않고 모든 것을 거는 식으로 모험을 하기도 한다.

아이들은 무엇을 할 때 실패할지 성공할지 미리 걱정하지 않고 무조건 시도하고 본다. 그런 무한한 도전정신은 비단 비즈니스뿐만 아니라 여러 상황에서도 적용될 수 있다.

올바른 상황에서 상대를 올바르게 인식하고, 올바른 협상기술을 적용한다면 어떤 협상에서도 이길 수 있다.

우리의 삶은 매순간 협상의 연속이다. 그런데 상대는 협상으로 인식하고 있는데 당신은 그렇게 생각하지 않는다면 경쟁에서 지게 될 것이다. 실제로는 협상 상황에 놓여 있는데 자신은 깨닫지 못하는 경우가 적지 않다.

협상에서 이기는 첫 번째 단계는 상대방이 당신과 협상하고 있다는 사실을 인식하는 것이다.

당신의 협상능력은 몇 점인가?
(자신의 협상능력을 체크하는 30개 리스트)

　당신은 협상을 통해서 원하는 것을 얻을 수 있다. 그렇다면 당신은 현재 소속된 직장에서, 그리고 사회생활에서 그렇게 잘하고 있는지 점검해 보자.

　다음의 물음은 당신이 협상할 때 어떤 부분을 제대로 하고, 어떤 부분은 부족한지 판단해보기 위함이다.

　모두 30개 항목으로 되어 있으며, 항목마다 그렇게 해 본 적이 없으면 1점, 횟수는 많지 않을지라도 때때로 했으면 2점, 자주 그렇게 했으면 3점, 항상 그렇게 했으면 4점으로 계산하면 된다.

　이제 이 질문을 통해서 당신의 협상능력을 판단해 보고 스스로 부족하다고 느낀 점은 채워나가기를 바란다.

● 설문

1. 협상을 하기 전에 상대에 대한 자료를 준비하고, 그 자료를 토대로 상대를 연구하고 분석한다.

2. 협상전략을 짜기 전에 상대방의 배경과 자료를 분석한다.

3. 협상할 때마다 이번 협상에서 무엇을 이룰지, 그 목표를 확고히 한다.

4. 협상에서 목표를 달성하기 위해서 적합한 협상방법을 선택한다.

5. 내가 선택한 협상전략이 나의 목표를 달성하는 데 적합했는지 검토한다.

6. 협상을 다른 사람에게 위탁할 때 그에 필요한 모든 자료와 대가를 지불한다.

7. 협상을 다른 사람에게 위탁할 때 그에 상응한 권한도 부여한다.

8. 협상의 상황에 따라 융통성 있게 여러가지 방법과 자세를 취한다.

9. 협상은 서로 원원할 수 있는 좋은 기회라고 생각한다.

10. 협상에 임할 때는 모두가 만족할 수 있는 합의점을 도출해내겠다고 결심한다.

11. 분명한 이스로 의견을 말한다.

12. 논리정연하게 말한다.

13. 상대방을 언제나 칭찬하고 상대의 약점을 들춰내지 않는다.

14. 말을 할 때는 다양한 보디랭귀지를 사용하여 이해를 돕는다.

15. 협상에 임할 때는 가능한 최종 시한을 정해 놓고 그대로 실행한다.

16. 상대방의 전술을 직감적으로 이해한다.

17. 필요할 때 결정할 수 있는 권한이 내게 있는지 확인한다.

18. 상대방과의 문화적 차이를 이해한다.

19. 협상팀의 일원으로 맡은 임무를 완성한다.

20. 역지사지(易地思之)의 입장에서 문제를 본다.

21. 상대방이 의견을 자유롭게 제시할 수 있도록 유도한다.

22. 먼저 가격이나 조건을 제시하지 않는다.

23. 조건부 제안을 통해 협상이 빨리 진전되도록 한다.

24. 서두르지 않고 한걸음 한걸음씩 나아간다.

25. 표정의 변화를 협상장에서만 사용하고 평소에는 사용하지 않는다.

26. 정기적으로 협상의 결과를 상대방에게 알려준다.

27. 전략적으로 협상을 잠시 멈추고 혼자 생각할 시간을 갖는다.

28. 협상이 결렬될 경우 상황을 반전시켜줄 제3의 조정자를 찾는다.

29. 가능하면 서로 윈윈win win할 수 있도록 한다.

30. 협상이 끝나면 합의서에 쌍방이 서명한다.

● 평가

점수가 3~64점이면 당신의 협상 능력은 좀 부족하다고 할 수 있다. 따라서 협상에 필요한 전술과 전략을 배울 필요가 있다.

점수가 65~92점이면 협상의 능력은 그런대로 괜찮은 편이라고 할 수 있으나 섬세한 테크닉이 필요하다.

점수가 96~128점이면 협상 능력이 높은 수준에 도달했다고 할 수 있다. 조금만 더 노력하면 어떤 협상에서도 싱공직으로 이끌 수 있을 수 있을 것이다.